성서와 동성애

성서와 동성애

혐오와 억측을 넘어, 성서 다시 읽기

김진호 지음

오월의봄

"인권이 왕 노릇 하지 않게 하옵소서!"

최근 급성장을 거듭하고 있는 어느 대형교회의 주일예배에서 대표기도자는 이렇게 기도했다. 그 예배의 간증 시간엔 레즈비언 커플이 나와서 자신들이 동성애자인 것과 10여 년간 함께 살아온 것을 속죄하고, 이제부터는 동성애자로 살지 않고 하느님만을 섬기겠다고 고백했다. 담임목사는 설교에서 학생인권조례 폐지를 주장하는 시위에 동참할 것과 차별금지법 제정 반대 서명에 참여할 것을 강력히 권고했다. 국가기관들이 동성애를 조장하고 있으니 기독교도들이 분연히 일어서야 한다는 주장이었다. 대형교회 연구차 여러 교회들을 방문해서 예배에 참여해보았지만, 이 교회만큼 예배 순서마다 공공연히 동성애 반대를 외치는 경우는 없었다. 한 가지 더 첨언하자면, 내가 방문한 교회들은 소위 '최근에 뜨는 교회'들이었다는 점이다. 나의 용어로는 '후발 대형교회'다.

한국에서 대형교회들이 대대적으로 출현한 시기

는 1970년대 이후부터인데, 1970~1980년대에 급성장한 교회들과 1990년대 이후 급성장한 교회들 사이에는 성장의 동력과 내용 면에서 큰 차이가 있다. 가장 두드러진 차이는 전자는 새 신자의 유입이 중요했고 후자는 '떠돌이 신자'들의 대대적인 정착이 중요했다는 점이다. 또한 전자는 전국의 대도시 지역에 산개해 출현했고, 후자는 강남, 강동, 분당 지역에 집중적으로 출현했다. 하여 후발대형교회는 다수의 파워엘리트[1]들을 포함한 '신자의 중산층화' 현상이 두드러진 교회 유형이라고 할 수 있다.

이러한 현상은 성직자의 자질에도 영향을 미쳤다. 후발대형교회적 성직자는 새 신자들에게 절대적인 영향력을 미치는 카리스마적 리더십보다는, 자존성 강한 '떠돌이 신자'들의 관심에 부합하는 '설득적 리더십'을 가지는 것이 더 적합하기 때문이다. 이에 따라 프로그램 구성에서도 신자들의 다양한 기호나 관심에 부합하는 맞춤형 기획물이 환영받았다. 가령, 예수 믿어 천국 가자는 식의 메시지에서 '예수의 경영 원리', '예수의 학습법', '예수다운 가족 관리' 등을 다루는 프로그램이 기획되곤 했다. 이에 대해서는 《대형교회와 웰빙보수주의》(김진호, 오월의봄, 2020)에서 자세히 다루었으니 여기서는 섹슈얼리티, 특히 성소수자 문제에 관해서만 좀 더 얘기해보려 한다.

일반적으로 예상하듯이 후발대형교회의 신자들도 대부분의 교회들처럼 섹슈얼리티에 대한 인식에서 보수적인 경향이 강하다. 특히 동성애를 비롯한 성소수자에 대해서 거부감을 갖는 이들이 그렇지 않은 이들보다 훨씬 많을 것이다. 대개의 개신교 신자들이 그런 것처럼 말이다. 아산정책연구원이 2015년 한국 사회의 성소수자 인식에 대해 조사한 연구 결과에 따르면, 개신교 신자들은 다른 종교나 비종교인들에 비해 성소수자에 대해 거부감을 갖고 있는 이들의 비율이 압도적으로 높게 나타났다.

'선생님께서는 레즈비언, 게이, 양성애자, 트랜스젠더 등 성소수자에 대해 어떻게 느끼십니까?'라는 질문에 ① 전혀 거부감이 들지 않는다 ② 별로 거부감이 들지 않는다 ③ 어느 정도 거부감이 든다 ④ 매우 거부감이 든다, 네 항목 중 하나로 답변하도록 한 결과, 가톨릭 신자는 49.4퍼센트가 '어느 정도/매우 거부감이 든다'고 답한 반면, 개신교 신자는 70.6퍼센트가 거부감을 표했다. 개신교 신자 중 성소수자에게 전혀 혹은 별로 거부감을 갖지 않는다고 답한 이들은 23.6퍼센트에 불과했다. 이러한 결과는 성소수자 차별이 인권 문제인지를 물은 설문에서도 비슷하게 나타났다. 가톨릭 신자는 51.4퍼센트가 인권 문제라고 본 반면, 개신교 신자는 39.9퍼센트만이 그렇게 답했다.

'성소수자 차별을 인권 문제로 보는가'라는 질문에 대한 응답 (단위: %)

	그렇다	아니다	모른다
전체	47.1	23.1	29.8
개신교	39.9	29.6	30.5
가톨릭	51.4	13.0	35.6
불교	49.3	17.8	32.9
비종교	49.9	22.7	27.4

'한국 유권자와 이슈 III: 성소수자(LGBT) 인식', 아산정책연구원, 2015.

한데 여기서 한 가지 주목할 것이 있다. 다른 종교인들이나 비종교인들처럼, 개신교 신자들도 성소수자 차별을 인권 문제로 인식하는 비율이 그렇지 않은 비율보다 오차범위를 충분히 벗어날 정도로 많다는 사실이다(신뢰구간 95%, 오차범위 ±2.5%). 성소수자 차별이 인권 문제가 아니라고 답한 개신교인은 29.6퍼센트에 불과했다. 그러니까 인권 문제로 인식하는 비율과 10퍼센트 이상 차이가 난다. 다른 종교나 비종교인에 비해서는 훨씬 근소한 차이지만, '반동성애 진영'의 견고한 아성처럼 보이는 개신교의 신자들 중에서도 동성애 문제를 인권의 관점에서 보고 있는 이가 더 많다는 것은 분명하다. 바로 이 점이 중요하다. 신자들의 성향과 기호에 민감한 후발대형교회는 이러한 차이를 어떤 형태로든 목회에 반영하고 있다. 내가 방문했던 소위 '최근 뜨는 교회들'이 성소수자에 대해 강한 보수적 성향을 가지고 있으면서도 공공연한 차별 발언을 자제하고 있는 것은 신자들의 성향과 기호에 더 민감하기 때문이다.

성소수자 반대 운동에 개신교 일부 집단이 그토록 목소리를 높이고 있지만, 그들은 개신교의 다수가 아니다. 더구나 사회적으로 파워엘리트라고 할 수 있는, 열렬한 개신교 신자 몇 사람을 인터뷰해보니, 담임목사들의 반동성애적 강성 발언들이 오히려 역효과를 일으키기도 하는 것으로 보인다. 인터뷰한 개신교 신자들은 평소 동성애에 대해 무관심하지만 막연한 거부감을 갖고 있었다고 했다. 한데 목사들의 빈약하기 이를 데 없는 설교를 들으면서, 오히려 동성애를 반대할 근거가 빈약한 것이 아닌가 하는 의혹이 생겼다고 했다. 필경 그는 자신이 호감을 갖고 있는 서양의 선진국들, 특히 미국에서 성정체성이 차별의 이유가 될 수 없다는 것을, 그것이 시대의 대세임을 알게 되었을 것이다. 하여 그는 뿌리 깊은 거부감에도 불구하고, 자신이 동성애에 배타적인 사람이 아님을 드러내는 방식으로 말했다.

그러나 아직 낙관할 단계는 아니다. 여전히 성소수자에 대한 거부감이 만연한 게 사실이다. 개신교는 말할 것도 없고 다른 종교인과 비종교인들도 마찬가지다. 한국행정연구원이 조사한 '2018년 사회통합실태조사'에 따르면, 성소수자를 포함한 여러 범주의 소수자 배제 인식이 전반적으로 낮아지는 추세임에도 불구하

소수자 배제 인식 연도별 추이 (단위: %)
2018년 9~10월 국내 만 19~69세 성인 8000명 조사

	2013	2014	2015	2016	2017	2018
68.4						62.7
62.1						49.0
9.8						5.7
2.9						1.3

전과자 —— 동성애자 - - - - 외국인 이민자·노동자 ∞∞∞ 장애인 ——

'2018년 사회통합실태조사', 한국행정연구원, 2018.

고 동성애자에 대한 배제 인식은 다른 소수자들에 비해 여전히 높은 것으로 나타났다. 이러한 조사 결과는 아산정책연구원에서 진행한 성소수자 인식 조사 결과와도 대동소이하다.

왜 한국 사회는 성소수자에 대해서 이토록 거부감이 강한가. 여러 요인을 생각해볼 수 있지만 그중에서도 종교, 특히 개신교가 부정적 편견에 깊이 개입해왔음을 부정할 수 없다. 전체 인구로 보면 개신교 신자의 비율은 20퍼센트 미만이지만, 파워엘리트로 좁혀보면 무려 40퍼센트 이상이 개신교 신자다.[2] 이는 개신교가 사회적 의견을 형성하는 데 매우 강한 영향력을 갖고 있다는 것을 뜻하기도 한다. 따라서 개신교 신자들의 반동성애적 편견의 근원을 묻는 일은 한국 사회의 강한 반동성애 기조를 해석하는 데도 매우 중요하다.

한 가지 염두에 두어야 하는 것은 한국 사회에서 성소수자 문제가 대부분 L과 G에 국한되어 논의된다는 점이다. 레즈비언Lesbian, 게이Gay, 양성애자Bisexual, 트랜스젠더Transgender 중에서도 주로 레즈비언과 게이에 국한하여 성소수자 인권 문제가 다뤄지고 있다. 이는 개신교에서 더욱 현저하다. LGBT뿐 아니라 더 다양한 성소수자 문제로 생각을 확장해야 하겠지만, 개신교가 논점을 주도하는 현재 지형에서는 성소수자 문제를 동성애 문제로 국한해서 생각하는 경향을 벗어나기가 어렵다.

그렇다면 개신교 신자들이 동성애에 강한 편견을 가진 이유는 무엇인가? 어떤 기제가 편견을 재생산하는 중요한 장치인가? 가장 먼저 떠오르는 것은 성서다. 많은 개신교 신자들은, 심지어 동성애에 거부감이 적은 이들 중 다수도, 성서가 동성애를 반대하고 있다고 생각하는 경향이 있다. 성서를 잘 모르는 비신자들도 상당수가 그렇게 생각할 것이다.

한데 과연 그런가. 우선 주목할 것은 성서에서 반동성애 텍스트를 발견하기가 쉽지 않다는 점이다. 겨우 3~4개 텍스트가 직접적으로 동성애를 반대하는 것처럼 보일 뿐이다. 〈레위기〉 20장 13절과 〈사사기〉 19장

22절, 그리고 〈로마서〉 1장 26절과 〈고린도전서〉 6장 9절 정도에 국한된다. 게다가 이 텍스트들은 모두 남성과 남성이 성관계하는 것을 비판하고 있다. 그러니 이를 직설적으로 읽는다면 여성과 여성이 성관계하는 것에 대해서는 성서에서 반대하지 않는다고도 말할 수 있겠다.

하지만 문제는 이런 직설적 읽기가 텍스트의 해석이 될 수 없다는 데 있다. 한 소녀가 엄마에게 "나, 밥 먹기 싫어"라고 소리쳤다고 하자. 그것을 말 그대로 그 소녀가 밥을 먹기 싫어서 한 말이라고 해석할 수 있는가? 엄마에 대한 반항일 수는 없는가? 혹은 자신의 요구를 두고 엄마와 실랑이를 벌이면서 하는 전략적 발언일 수는 없는가? 아니, 어쩌면 연기자 꿈을 가진 소녀가 엄마와 연기 연습을 하는 중인 것은 아닌가? 또 다른 가능성은? 소녀의 말을 해석하는 데는 모든 가능성이 열려 있다. 그러니 그 말만을 직설적으로 읽는다는 것은 결코 해석이 될 수 없다. 해석을 위해서는 엄마와 소녀 사이 대화의 전후 맥락을 알아야 한다. 더 나아가 소녀 연령대의 욕망의 정치학과 엄마 연령대의 욕망의 정치학까지도 알 필요가 있다. 이는 대화가 이루어진 시대를 해석하는 것과도 관련이 있다. 그런 물음들이 함께 다루어져야만 소녀의 말에 대한 해석이 가능하다.

다시 성서로 돌아가보자. 남자끼리 성관계하는 것

을 비판적으로 말하는 성서 구절을 남성 동성애 반대 주장으로 해석하는 것은 얼마나 타당한가? 그 문맥을 잘 살피고 한 해석인가? 사회적, 역사적 맥락도 충분히 참조되었는가? 미리 얘기하자면, 이 텍스트들이 동성애를 반대하는 구절이라고 주장하는 것은 그렇게 주장하고픈 이들이 자신들의 프레임을 텍스트에 덮어씌운 결과다. 그런 이들은 몇 안 되는 텍스트를 근거 없이 억지 해석할 뿐만 아니라, 성서 전체의 주장이 그렇다고 확대 해석하는 일까지 서슴지 않는다. 이렇게 근거가 없는, 강한 주장들만의 담론 덩어리를 흔히 '페이크 뉴스Fake News'라고 부른다. 성서가 동성애를 반대한다고 하는 주장은 기독교 우파들의 전형적인 페이크 뉴스다.

나는 이 책에서 남성과 남성이 성관계하는 것을 비판하는 성서의 구절들에 대해 문맥과 사회, 역사적 맥락을 최대한 충실히 고려하여 재해석하는 시도를 하고자 했다. 이런 시도를 성서 비평학에서는 '역사적 해석'이라고 부른다. 좀 더 세밀하게 말하면 나는 이 텍스트들에 대한 정치사적 해석을 시도하였다. 즉, 성서에서 남자끼리 성관계하는 것에 반대하는 구절들은 각기 다른 정치적 의도와 관련되어 있다고 보면서 그 본문을 해석하고자 했다. 앞에서 말한 4개 구절 중 〈고린도전서〉 6장 9절은 〈로마서〉 1장 26절을 해명하면 자동적으로 해명될 것이라는 점에서, 이 책에서 다루는 구절은 〈고린도전서〉 6장 9절을 제외한 3개 구절만을 다루었다. 한 가지 더 첨언하자면, 정치사적 해석을 시도하다 보니 각 텍스트마다 역사적 맥락을 다소 상세히 이야기할 수밖에 없었다. 해석을 위해서는 필요한 부분이지만, 만약 그러한 부분이 어렵게 느껴진다면 건너뛰어 읽은 뒤에 나중에 볼 것을 권한다.

한데 내가 말하는 '역사적 해석'이란 18~19세기적 역사 비평학을 말하는 것이 아니다. 이때의 '역사 비평학'은 '그때 거기'에서 있었던 '사실'을 그대로 재현하는 데 목적이 있었다. 그리고 그 과거의 사실은 '단 하나의 사실'을 의미했다. 절대로 두 가지가 있을 수 없었다. 바로 그 단 하나의 사실을 밝히는 것이 역사 비평학의 과제였다. 하지만 이런 '단 하나의 사실'은 존재하지 않는다. 18~19세기 역사 비평학이 좌초한 이유도 절대 단수의 사실을 알아내려 했던 데 있다. 역사 행위자들은 같은 사건을 모두 다르게 의미화한다. 제각기 자기 식으로 그 사건에 개입하기 때문이다. 따라서 '그때 거기', '과거의 사실'은 이미 다양한 의미의 가능성을 갖고 있으며 그것이 텍스트 속에 담겨 있다. 그러니 텍스트 자체는 이미 다양한 의미 가능성에 열려 있다.

그 다양한 가능성 중 가장 개연성 있는 의미를 찾아내고자 하는 이가 역사가다. 역사가는 '그때 거기'라는 과거의 시공간을 꼼꼼히 살피지만, 그가 바라보는 곳은 그가 살피고 있는 과거가 아니라 그가 꿈꾸는 미래에 가깝다. 그리고 그 미래는 그가 개입하고자 하는 현재와 관련되어 있다. 이렇게 역사가는 과거를 말하지만 미래를 꿈꾸면서 현재에 개입한다. 따라서 역사학은 또 한 번 다양한 해석에 대해 열려 있다. 내가 해석하려는 3개의 성서 텍스트도 그렇다. 이 구절들을 동성애 반대 텍스트라고 읽는 것도 하나의 해석이고, 그것에 반대하는 나의 주장도 하나의 해석이다. 하여 해석들은 지금 여기서 독자에게 말을 걸고 있다. 어느 것이 더 타당한 해석인지를 두고 말이다. 이를 '역사적 개연성'이라고 부른다. 즉, 독자들은 어느 해석이 더 역사적 개연성을 가지고 있는지를 두고 성서 해석자들과 대화를 한다.

내가 기대하는 것은, 이 책에서 해석하고자 한 텍스트들이 동성애를 반대하고자 쓰인 것이 아니며 다른 정치적 의도와 관련된 것임을 주장하는 데 그치지 않는다. 성서 역사가로서 최대한 개연성 있게 해석하고자 몸부림치고 있지만, 그런 나의 해석이 나에겐 최선의 해석이지만, 이것이 독자에게도 최종 해석이 되어서는 안 된다. 만약 이 책에 담긴 해석에서 어느 정도 의미의 개연성을 발견하게 된다면, 그것은 독자 각자가 자기의 해석으로 나아가는 하나의 징검돌이 되어야 한다. 그렇게 되면 독자도 성서의 역사적 해석에 참여하고 있는 것이다. 즉 역사적 상상력의 세계에 초대된 모든 이들이 역사가다.

과거의 역사 비평학에서 역사가는 고도의 역사 전문가였다. 역사가의 해석이 위험한 것이 되지 않기 위한 필요조건은 역사가의 개인적 자질뿐이었으니, 그런 역사가의 해석들은 너무나 위험한 것이었다. 두 차례의 세계대전과 그에 딸린 비극적 역사에 고고한 학자들의 성서 해석이 불온한 방식으로 개입되었다. 하여 무수한 20세기의 신학적 성찰들은 그런 해묵은 성서 역사학을 청산하는 데 혼신의 힘을 기울였다. 또한 제3세계의 신학자들은 서양의 신학과 성서 해석이 서양 제국들의 식민주의에서 첨병 역할을 했음을 비판해왔고, 이는 20세기 후반 이후의 신학적 성찰 속에 반영되었다. 즉, 성서 역사가라는 개인의 자질에 의존하는 해석은 위험한 해석이 될 가능성이 농후하다는 것이 입증되었다.

나는 '집단지성'이 역사가 개인의 자질에 의존하는 위험한 해석을 견제하는 더 나은 대안이라고 주장하고자 한다. 즉, 성서 해석자나 목회자를 포함한 종교 분야의 전문가들뿐만 아니라 다양한 관심을 가진 이들이 성서 해석을 둘러싼 모임에 참여하여 함께 토론하면서 그 의미를 조율해낼 수 있다면, 위험한 해석을 최대한 견제할 수 있을 것이라는 얘기다. '성서 읽기 공론장'이 필요한 이유이기도 하다. 이때 전문적 성서 해석자들과 목회자들은 해석의 지도자가 아니라 해석의 촉매자로 참여해야 할 것이다. 참여자 모두가 성서 해석의 주역이 될 수 있도록, 그 해석을 두고 서로 대화할 수 있도록 조력하는 자여야 하기 때문이다.

결국 이 책을 쓴 이유는 위험한 해석에 대한 반박이자 나아가 성서 읽기 공론장이 교회 안팎에서 활성화되기를 바라는 마음에서다. 그 공론장의 참여자들 각자가 성서 역사가이자 해석자가 되기를 기대한다.

2020년 여름 어느 깊은 새벽
망원동 옥탑방 서재에서

1 미국의 사회학자 밀스Charles Wright Mills(1916~1962)는 제2차
   세계대전 이후 형성된 미국의 정계, 재계, 군부를 엮는 거대한 인맥
   네트워크를 '파워엘리트'라고 불렀다. 그는 사실상 파워엘리트들이
   미국 사회의 주요 정책을 결정하는 실질적인 역할을 담당하고
   있으며, 시민 사회는 그보다 낮은 수위의 정책 형성에나 영향을
   미칠 수 있음에도 그것이 '정치의 전부'라고 착각하고 있다고
   말했다. 이러한 밀스의 파워엘리트 개념은 한국 사회에도 적용되어
   여러 논의들이 전개되었다. 파워엘리트가 한국 사회의 정치적,
   경제적 자원뿐만 아니라 문화적 자원까지 과점하고 있으며, 나아가
   사회적 연줄망의 작동으로 그러한 자원들의 재생산에 유리한
   정책 형성에도 과잉 결정권을 가지고 있다는 점에 주목하는
   논의들이었다. 또한 여러 논의에서 미국의 시민들이 파워엘리트의
   숨겨진 정치적 영향력을 모르고 있듯이 한국의 시민 사회도
   파워엘리트의 정치적 영향력에 대해 잘 모르고 있으며, 자신들이
   정치적 주권자라는 착시에 빠져 있다는 점이 강조되었다.

2 김기훈·장덕진·이규연 외,《대한민국 파워엘리트》, 황금나침반,
   2006, 303쪽. 참고로 이 조사에서 파워엘리트 내 다른 종교인의
   비중은 가톨릭 22.6퍼센트, 불교 17.7퍼센트, 무교 17.3퍼센트,
   유교와 원불교 각각 0.7퍼센트였다.

들어가며 • 5

1부   "제발 이런 수치스런 일은 마시오." ———— 21
        —집단 강간 사건의 소거된 목소리

2부   "사람들을 부끄러운 정욕에 내버려두셨소." —— 63
        —'부끄러운 정욕'의 진짜 의미

3부   "남자가 남자와 동침하면 사형에 처하라." —— 107
        —'여자와 여자'의 동침은 언급하지 않은 이유

더하는 글 동성애 문제에서 퀴어 문제로 ——————— 155
        —2016년 4.13총선과 반동성애 혐오동맹
          출현의 종교정치학

"제발 이런 수치스런 일은 마시오."
— 집단 강간 사건의 소거된 목소리

…… 그 성읍의 불량한 사내들이 몰려와서, …… 집 주인인
노인에게 소리 질렀다. "노인의 집에 들어온 그 남자를
끌어내시오. 우리가 그 사람하고 관계를 좀 해야겠소."
그러자 주인 노인이 밖으로 나가서 그들에게 말하였다.
"여보시오, 젊은이들, 제발 이러지 마시오. 이 사람은 우리
집에 온 손님이니, 그에게 악한 일을 하지 마시오. 제발
이런 수치스러운 일을 하지 마시오."

—〈사사기〉 19장 22~23절

동성애는 왜곡된 이성애?

흔히 동성애에 대한 (성서의) 묘사는 집단 성폭행과 동반하여 나타나는데, 이는 동성애에 대한 가치 평가를 보류하기 위해서가 아니라, 극단적인 죄악의 상황에서 인간의 이성애가 심히 왜곡될 때에 동성애로 나타난다는 것을 암시적으로 보여준다.[1]

어떤 제1성서학(구약학) 교수가 〈사사기〉 19장에 대해 한 말이다. 그는 이 텍스트에서 동네 청년들이 낯선 방문객 남자를 농락하려 드는 것을 동성애와 연결지어 이해하고 있다. 그러니까 그는 은연중에 동성애자들에게 집단 성폭행의 잠재적 가해자라는 이미지를 덧씌우고 있는 것이다. 게다가 이 청년들의 동성애적 집단 성폭행 욕구가 '심각하게 왜곡된 이성애' 탓이라고 말한다.

먼저 짚고 넘어갈 것은 이 텍스트에서 결과적으로 가해 남자들의 성폭행 대상이 된 사람은 낯선 남자 방문객이 아니라 그의 아내, 즉 여자라는 것이다. 동네 청년들이 낯선 방문객을 내놓으라고 소리소리 질러대자, 집주인은 자기 딸과 방문객의 아내를 내주겠다며 협상안을 제시한다. 남자를 내놓으라고 행패를 부리는 불량배가 동성애자들이라면, 그들에게 남자 대신 여자들을 내주겠다는 것이 협상안일 수 있는가? 설령 그들이 정말 동성애자였다고 하더라도, 남성 동성애자들이 여성을 집단적으로 성폭행했다는 주장은 도무지 이해할 수 없다. 이런 논리를 펴는 것은 동성애자는 나쁜 짓을 할 거라는 편견이 아니고서는 설명하기가 어렵다.

　이런 문제점들이 수렴하는 오해의 핵심은 동네 청년들을 동성애자로 가정하는 데 있다. 결국 다른 관점에서 읽지 않는 한, 이 텍스트는 결코 개연성 있게 해석될 수 없다. 그럼에도 제1성서 전문가라는 이가 그토록 억지를 부리는 이유는 무엇인가? 말할 것도 없이 동성애가 치명적으로 나쁜 범죄라고 말하고 싶은 생각이 앞선 탓일 것이다. 물론 누구든 자신의 관점에서 성서를 읽는다. 이는 자연스러운 일이고 또 필요한 것이다. 문제는 자신의 관점에 몰두한 나머지 억지 논리 속으로 성서를 끌어들인다는 데 있다. 게다가 자신의 해석이 타인에 대한 심각한 명예 훼손, 아니 인권 모독을 수반하고 있다는 사실을 모른다는 것도 치명적이다. 역사 속에서 그런 인권 모독은 종종 반인륜적 범죄로도 나타났다. 대표적인 것이 마녀학살이다. 그렇다면 성서를 그런 범죄의 공모자로 끌어들이는 셈이다. 즉, 성서 모독 행위다.

　이성애가 극도로 왜곡된 상황에서 동성애가 등장한다는 주장은 성서 속에서 도무지 찾아볼 수 없는 억

윌리엄 파월 프리스의 〈마녀재판〉(1848).
14~17세기 유럽의 여러 나라와 교회가 이단자를 마녀로 판결해 화형에 처한 것은
역사 속 대표적인 반인륜적 범죄다.

지 주장이며, 우리의 현실 속에서도 가능하지 않은 주
장이다. 심각하게 왜곡된 그와 같은 이들의 머릿속에서
나 존재하는 억견일 뿐이다. 그러므로 〈사사기〉 19장이
반동성애적 성서 텍스트라는 주장은 페이크 뉴스다.

부족동맹 이스라엘이 추구했던 평등

서두에 인용한 〈사사기〉 19장 22~23절이 포함된
일련의 사건을 다루는 19~21장에 주목해보자. 우선 이
이야기의 배경이 되는 곳은 부족동맹 이스라엘 사회
다. 조금 어렵더라도 이에 관한 현대 성서 역사학적 논

의를 개략적으로 정리하는 것부터 시작할 필요가 있다.

〈사사기〉 외에도 문맥상 부족동맹 이스라엘 시대를 배경으로 하는 성서는 〈여호수아〉〈사무엘〉〈룻기〉 등이 있다. 이 성서들은 기원전 13~11세기경 팔레스티나, 특히 중부 고지대에 살던 부족들의 이야기를 다룬다. 그때는 부족동맹 이스라엘이 존속하던 시대, 즉 문헌이 존재하지 않는 선사시대였다. 그러므로 성서에 기록된 이야기들은 부족동맹 이스라엘 시대 각 부족들 사이에서 구술로 이어진 설화였을 것이다.

이 이야기가 문서로 저술된 시기는 빨라도 부족동맹 이스라엘 시대로부터 수백 년이나 지난 9~7세기로 추정된다.[2] 그 시기 가나안 지역에는 군주제 사회가 꽤나 발전했다. 기원전 9세기는 부족동맹 이스라엘과는 다른, 전제군주국 이스라엘왕국이 시리아-팔레스티나의 패권국으로 존재했던 시기다.[3] 또한 그때는 야훼 예언자 길드가 이스라엘왕국의 정치사에 깊이 개입하던 시기이기도 했다.[4]

한편 기원전 7세기는 이스라엘왕국이 몰락한 뒤, 약소국이던 유대왕국이 번창하여 궁중문서를 활발히 편찬하던 때다. 제1성서의 많은 문서들의 최초본이 바로 이 시기 유대왕국의 왕립문서국 서기관들에 의해 편찬되었다. 한데 이 서기관들 중 일부는 아마도 이스라엘왕국이 몰락하면서 유대왕국으로 남하한 난민 출신이었던 것으로 보인다. 이는 유대왕국 왕립문서국이 편찬한 문서들의 상당히 많은 부분이 과거 이스라엘왕국에서 만들어진 자료들에 기반을 두고 있으며 그것을 유대왕국의 시선으로 재해석한 것이었다는 말이다.[5]

과거 문서로 편찬된 것들의 많은 부분들은 그 이전부터 전승되어오던 구전 기억에 기반을 두었을 것이다. 하여 전제군주국 시대의 문헌들 속에는 부족동맹 이스라엘 사회에 대한 구전 기억이 보존되어 있다. 부족동맹 이스라엘 사회를 주목하는 일련의 학자들은 바로 이 문서들 속에 보존된 기억의 파편들을 통해 그 시대를 읽어내려 한다. 제1성서의 사료적 가치가 얼마나 되는지도 문제지만 그 사료들의 가치가 충분히 인정되더라도 정보의 양이 너무 빈약하다는 점은 그 시대를 연구하는 데 큰 난관으로 남는다. 최근에는 비교인류학이나 비교역사학, 사회과학 등의 방법이 기존 연구와 융합되어 활용되고, 특히 고고학적 연구들로 사료의 양이 훨씬 늘어나 관련 연구가 조금이나마 더 진전되었다.

이 분야의 논의 중 가장 활기를 띤 주제의 하나가 바로 '부족동맹 이스라엘의 등장'에 관한 것이다. 여기에는 크게 세 범주의 가설들이 제시되었다. 첫 번째 범주는 '(평화적) 이주가설peaceful infiltration hypothesis'과 '정복가설conquest hypothesis'이다. '(평화적) 이주가설'은 외부에서 유입된 이주민들이 정착민들과 섞여 장기간 함께 살면서 부족동맹 이스라엘 사회가 형성되었다는 주장이고, '정복가설'은 그 표현처럼 히브리인들이 가나안을 정복함으로써 부족동맹 이스라엘이 탄생했다는 주장이었다. 이 두 가설은 서로 대립각을 세우며 상반된 논의를 폈지만, 외부에서 유입된 이들이 선주민indigenous peoples을 압도하며 새로운 사회를 구축했다는 점에서는 공통된 관점을 갖고 있었으며, 1920년대부터 1970년대까지 장기간 학계를 양분했다. 너무 오랫동안 학계를 지배해온 탓에 아직까지도 대부분의 사람들은 이 가설에 기반을 두고 성서를 읽곤 한다. 하지만 오늘날 이 가설들은 오래된 유물로서의 가치만 있을 뿐이다.

1970년대 말, 오랫동안 학계를 양분해왔던 가설들을 무너뜨리는 새로운 주장이 제기되었다. 노만 갓월드Norman K. Gottwald가 쓴 1000쪽에 달하는 대작 《야훼의 지파들The Tribes of Yahweh: A Sociology of the Religion of Liberated Israel, 1250-1050 B.C.E.》(1979)이 그 전환의 중심에 있었다.[6] 그가 제기한 수정가설은 부족동맹 이스라엘의 탄생이 팔레스티나 내부에서 일어난 계급적 저항의 산물이라는 것이었다. 즉, 외부 유입설을 주장하는 첫 번째 범주의 가설들과는 완전히 다른 문제의식을 담고 있었다. 좀 더 구체적으로 이야기하면, 서부 저지대의 계급체제 성읍국가들에서 이탈한 다양한 떠돌이 부류들이 중부 고지대로 이주해 들어와 평등주의적 부족동맹체제인 이스라엘을 구축했다는 것이다. 해서 그의 가설은 '사회정치적 혁명가설'이라고 불린다.

갓월드가 외부 유입설의 아성을 무너뜨리자, 이후 학계는 그야말로 백가쟁명의 시대에 들어섰다. 1980년대 중반 이후 세계 곳곳에서 문제작들이 쏟아져 나왔다. 이 새로운 주장들은 내부 요인설에 기반을 두고 있었지만, 성읍국가 이탈자들의 행위를 강조했던 갓월드의 사회정치적 혁명가설과는 달리 그 시대의 구조 변동 속에서 부족동맹 이스라엘이 점진적으로 출현했다는 관점을 대체로 공유하고 있었다. 특히 많은 연구들이 당시 인구 팽창으로 인한 자원의 한계를 강조하면서 구조 변동의 계기를 해석하는 신멜더스주의Neo-Malthusianism적 관점을 선호하는 경향이 있었다는 점에서 계급을 강조한 갓월드와는 분명한 차이를 드러냈다. 요컨대 전반적으로 갓월드가 강조한 행위자 중심의 관점에서 구조 변동 중심의 관점으로 해석의 키워드가 전환되었다고 할 수 있다. 그런 점에서 이 세 번째 범주의 가설들을 '제2수정주의'적 연구라고 명명할 수 있겠다.[7]

하지만 '제2수정주의' 범주의 연구들은 부족동맹 이스라엘의 출현이 구조 변동의 단순한 산물이 아니라 그러한 변동 요인들을 '창조적으로 전유한 과정'이라는 점을 간과했다. 실제로 동시대의 또 다른 부족동맹체인 블레셋은 5개의 도시들(아스클론, 아스돗, 에크론, 갓,

가자)의 연맹이었다는 점에서 도시를 발달시키지 않은 부족동맹 이스라엘과는 다른 경로로 발전했다. 평등주의적 이스라엘 부족동맹과 달리 블레셋에서는 계급 분화가 더 심화되었던 것이다.

부족동맹 이스라엘에는 자손이 없어 몰락하게 된 집안을 살리기 위해 가문이 공동 책임을 져야 한다는 것(창세기 38)이나 '이웃의 경계석'을 옮기지 말라는 것(신명기 27:17) 등과 같은 전통적 관습이나 계율이 전승되고 있었다. 도시가 발달하지 않아서, 계급 분화가 덜 진척됐기 때문에 이런 설화나 계율이 잔존했다고 볼 수도 있지만, 반대로 도시화나 계급 분화에 저항했기 때문에 이런 전통이 유지될 수 있었던 것이라고 볼 수도 있다. 최소한 부족동맹이 존속했던 두 세기 동안의 이스라엘에는 계급 분화를 억제하는 기조가 영향을 미쳤다는 점은 의심의 여지가 없다. 그런 면에서 부족동맹 이스라엘 사회가 형성되는 데 사회구조적 요인이 중요한 영향을 미쳤을 것이라고 보는 제2수정주의적 주장을 중요한 변수로 보더라도, 행위자들의 평등 지향, 특히 반군주제적인 계급적 지향이 부족동맹 이스라엘 사회 형성에 영향을 미쳤다는 갓월드식의 해석[8]도 진지하게 받아들일 필요가 있다.

나는 여기서 계급 분화를 억제하는 기조가 부족동맹 이스라엘의 이데올로기로 작동하였다는 점을 가정하려 한다. 낮은 수준이기는 해도 그것은 일종의 '평등주의 이데올로기'로, 반군주제의 지향성을 갖고 있었다. 그러나 부족동맹 이스라엘에도 주도 세력은 있었다. 바로 '에브라임 부족'이었다. 에브라임 부족은 평등주의 이데올로기를 통해 부족연합을 결속시키려 했던 중심 집단이었다.

한데 어떤 숭고한 이데올로기도 그 실상을 들여다보면 정의롭게만 작동하지는 않는다. 특히 그 사회의 해체기에 이르면 곳곳에서 부작용을 일으키며 사회를 더욱 위기로 몰아간다. 여기서는 바로 이런 문제의식으로 〈사사기〉 19~21장을 해석해보려 한다. 평등주의 이데올로기를 발전시키면서 출현한 부족동맹 이스라엘 사회가 이스라엘왕국으로 이행하기 직전, 부족동맹 이스라엘의 독창적 실험이 어떻게 부작용을 일으키면서 사회적 갈등을 심화시켰는지에 초점을 맞춘다. 그리고 그것이 어떻게 한 여자에 대한 윤간으로 이어지고, 그 사건이 어떻게 부족 간 전쟁으로까지 비화되었는지를 이야기할 것이다.

숭고한 이데올로기 뒤에 감춰진 목소리

그리스 로마 신화에는 라티누스왕국에 있던 야누

스 신전이 나온다. 나라가 전쟁을 벌여야 할 경우 왕은 예복을 갖추어 입고 야누스 신전의 문을 여는 관습이 있었다. 야누스 신이 머리 앞뒤로 2개의 상반된 얼굴을 가진 존재라는 점은 의미심장하다. 전쟁기는 '정의'가 가장 광적으로 외쳐지는 시기다. 동시에 인간사에서 가장 치졸한 생존법이 난무하는 시기이기도 하다. 이렇게 야누스의 두 얼굴과 전쟁의 두 얼굴은 서로 닮아 있다.

그런데 전쟁 때만 야누스 신전의 문이 열리는 건 아니었다. 그 문은 양극단의 가치가 공존하는 곳에서 항상 열려 있었다. 이원론적 가치가 서로를 밀쳐내려고 안간힘을 쓰는 곳에서, 서로를 배제하고 억압하려 맞싸우는 곳에서 그 문은 열린다. 이러한 '극단주의가 판치는 시대'는 매우 가학적이다. 감금, 고문, 보복, 살육, 강간 등 이루 헤아릴 수 없이 열거되는 기괴한 어휘들이 난무하는 세상이다. 그 대상이 적이든 제3자이든 관계없이 눈에 띄는 대로 휘두르는 강자의 서슬 퍼런 칼날은 끝을 모른다. 이런 극단의 시대에는 모든 흉물스러운 만행이 '정의'의 이름으로 정당화된다. 정의를 위한 '필요악'이라는 명분으로 말이다. '필요악'은 우리를 더욱 당혹케 한다. 협상, 화해, 사면, 복권復權 등과 같은 평화의 단어들이 들어간 이야기들 속에도 여전히 잔혹한 살기가 도사리고 있기 때문이다. 적이 없어졌다고, 혹은 적을 공격하지 않겠다고 다짐하는 순간에도 누군가를 향한 칼의 살기는 멈출 줄을 모른다. 그런 점에서 야누스의 두 얼굴은, 저 악과 진리의, 불의와 정의의 이분법은 희생당하는 '제3자'의 관점을 배제한다.

숭고한 이데올로기가 위기의 사회에서 어떻게 오작동하는지에 대한 생각의 도움을 얻기 위해 모파상이 1880년에 쓴 중편소설 〈비곗덩어리〉를 살펴보자. 이 소설은 '제3자'의 존재를 난도질하는 '고상한 이들'의 칼질을 고발한다. 소설의 무대는 19세기 말 보불전쟁The Franco-Prussian War(1870~1871)에서 프랑스가 프로이센에 패한 직후 프로이센군이 점령하고 있던 프랑스의 루앙Rouen이라는 곳이다. 프랑스혁명 이후 왕당주의 대 공화주의, 보수주의 대 자유주의 대 급진적 사회주의, 그리고 이탈리아와 프로이센에서 불기 시작한 민족주의 등 숱한 정의의 이념들이 난무하며 갈등하는 시공간 한가운데를 무대로 이야기가 펼쳐친다.

〈비곗덩어리〉의 내용을 요약하면 다음과 같다. 일단의 프랑스인들이 프로이센군 점령지를 벗어나기 위해 적군 사령관을 매수한다. 그들은 마차를 타고 프랑스령의 영토를 향해 달린다. 바쁜 여정이지만 눈이 두텁게 쌓인 겨울 길이 그들의 발목을 잡는다. 추위와 배고픔에 지쳐가던 차, 일행 중 '비곗덩어리'라는 별명의 매춘여성 엘리자베스 루세가 가져온 음식을 꺼내고, 지체가 높거나 부자인 일행들은 처음엔 망설이다 이내 이

1907년 프랑스판 〈비곗덩어리〉 앞표지 그림.

'천한 여자'의 음식을 나누어 먹으려 영혼 없는 립서비스를 날린다. 그리고 그들은 밤늦게 한 마을에 도착한다. 한데 그곳을 지키는 프로이센군 장교는 통행증을 보고도 순순히 통과시켜주지 않으려 한다. 그자가 암시적으로 제시한 통행 허가의 조건은 '비곗덩어리'의 성상납이다. 사람들의 은밀한 종용에 못 이긴 엘리자베스 루세는 하는 수 없이 장교에게 몸을 맡긴다. 그렇게 마을을 통과해 목적지를 향해 달리는 마차. '비곗덩어리'는 수치심과 분노로 괴로워하지만 사람들은 그런 그녀를 비웃는다.

이 소설에서 말하는 숱한 이데올로기들, 사람들을 구원하겠다는 그 '진리의 소리들'은 '비곗덩어리'를 위해서는 아무것도 할 수 없었다. 아니, 하지 않았다. 요컨대 모파상은 희생당하는 타자의 시선을 통해 야누스적 두 얼굴의 세계를 그려내고 있으며, 이를 통해 저 숭고함을 자랑하는 이데올로기들의 허구성을 고발하고 있다. 현실의 세계에서 자신의 생존을 위한 것 외에 아무것도 가진 것 없는 이가 자신의 전부인 남루한 식량과 몸을, 넘치도록 남아도는 이들과 나누어야 한다. 더욱이 그것을 나누어 먹는 이들에게 그 타자의 식량과 몸, 아니 그이의 애절한 생명은 단지 조롱거리에 불과하다.

〈사사기〉 19~21장의 '어느 레위 사람의 아내 이야기'를 읽어내기 위해 모파상의 소설 〈비곗덩어리〉의 시각에 기대고자 한다. 왜냐하면 이 레위인의 아내는 시종 말을 하지 않기 때문이다. 아니, 텍스트 속의 모든 인물이 그녀의 말을 허용하지 않기 때문이다. 나아가 성서 자체도 그녀의 목소리를 필요로 하지 않았기 때문이다. 해서 비슷한 문제의식을 가진 다른 텍스트의 도움이 필요했다.

〈사사기〉 19~21장의 텍스트는 부족동맹 이스라엘을 지탱했던 '숭고한' 이데올로기, 평등과 정의의 가치를 부르짖는 강력한 소리들로 뒤덮여 있다. 그 소리들이 한 비극적 여인의 비명을 삼켜버렸다. 저 숭고한 이데올로기의 주체들은 강간당하고 난도질되어 살해당한 그녀의 몸이 필요했을 뿐이다. 그렇게 동맹의 이데올로기는 침묵 속에 묻힌 한 여자의 비극적 죽음을 도구화하여 공존의 질서를 만들어냈다. 그런 이데올로기들로 채색된 성서 텍스트를, 모파상이 〈비곗덩어리〉를 통해 보여준 관점을 참고하며 다시 읽어내려 한다. 이는 희생당한 여인의 그 강요당한 침묵을 헤아리는, 숨겨진 '신의 이데올로기'를 찾아보려는 하나의 시도이기도 하다. 이 성서 텍스트가 말하지 않은, 그러나 말했어야 할 그 '신의 이데올로기' 말이다.

〈사사기〉에 담긴 이데올로기

〈사사기〉는 부족동맹 이스라엘 시대의 여러 사사土師 혹은 판관判官이라고 불렀던 영웅들shoftim에 관한 이야기를 담고 있다. 한데 이는 16장까지만 해당되고 17장부터 마지막까지는 영웅들과는 아무런 관계없는 설화들이 담겨 있다. 17~18장은 단Dan 부족이 비옥한 팔레스티나 남서부 지역에서 멀리 시리아와 인접한 북쪽의 고원지대(골란고원)로 이주하게 된 경위에 관한 이야기이고, 19~21장은 베냐민 부족에 대한 부족동맹 이

〈사사기〉의 구성과 내용

1~2장	3~16장	17~18장	19~21장
가나안 정복	구원자/지도자인 사사들	단 부족의 이주	베냐민 부족에 대한 응징적 전쟁

〈사사기〉 3~16장의 사사들

사사	본문	신원	적대자
옷니엘	3:7-11	갈렙의 아우 그나스의 아들	메소포타미아 왕 구산리사다임
에훗	3:12-30	베냐민 부족 게라의 아들	모압 왕 에글론
삼갈	3:31	아낫의 아들	블레셋 족속
드보라	4-5	랍비돗의 아내	가나안 왕 야빈
기드온	6-8	므낫세 부족 요아스의 아들	미디안 족속
돌라	10:1-2	잇사갈 부족 도도의 손자, 부아의 아들	-
야일	10:3-5	길르앗 사람	-
입다	10:6-12:7	길르앗이 매춘여성과 낳은 아들	암몬 족속
입산	12:8-10	베들레헴 사람	-
엘론	12:11-12	스불론 사람	-
압돈	12:13-15	에브라임의 성읍 비라돈 출신 힐렐의 아들	-
삼손	13-16	단 부족 마노아의 아들	블레셋 족속

본문	내용	특징	레위인의 이동 경로
17~18장	단 부족의 이주	레위인이 중심	베들레헴→에브라임 →북쪽으로 이주
19~21장	베냐민 부족에 대한 응징적 전쟁		에브라임→베들레헴 →베냐민→에브라임

스라엘의 응징적 전쟁에 관한 이야기다.

〈사사기〉 마지막 부분의 두 텍스트(17~21장)는 모두 레위인이 줄거리를 이끌어가고 있다. 앞의 이야기(17~18장)에서는 레위인이 베들레헴에서 에브라임 지역으로 갔다가 단 부족과 더불어 북쪽으로 옮겨가고, 두 번째 이야기(19~21장)에서는 레위인이 에브라임 지역에서 베들레헴으로 갔다가 베냐민 지역을 경유해서 되돌아온다. 두 이야기는 서로 별개의 이야기임에도 베들레헴 성읍과 에브라임 지역이 공통적으로 등장한다는 점이 흥미롭다.

〈사사기〉를 이렇게 구성한 이들은 군주국 시대 유대왕국 왕립문서국의 서기관들이다. 그들에게 에브라임 지역은 경쟁국인 이스라엘왕국의 핵심 공간이고, 베들레헴은 자국 시조 다윗의 탄생지라는 사실은 강렬하게 자리 잡은 선이해先理解다. 물론 그 시대에 이 문서를 읽는 이들에게도 그것은 마찬가지였을 것이다.

초기 부족동맹 이스라엘 사회의 주요 부족 영역과 성읍

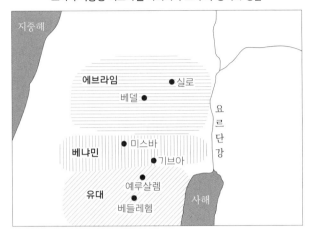

한편 이들이 구성한 텍스트에는 오래전, 부족동맹 이스라엘 시대의 기억이 깔려 있다. 이 기억에는 당시 부족동맹의 주도권을 둘러싼 경쟁과 갈등이 스며들어 있다. 베냐민 부족과 에브라임 부족 간의 긴장이 바로 그것이다. 이 긴장은 베냐민 부족의 성읍 기브아에서 커다란 파열음을 일으킨 적이 있다. 〈사사기〉 속 레위인이 묵은 바로 그 성읍이다. 우리가 이 텍스트를 읽어내기 위해 알아야 할 첫 번째 정보는 베냐민 부족과 에브라임 부족 간의 긴장에 관한 것이다.

에브라임 부족은 부족동맹 이스라엘을 이끌었던 으뜸 세력이다. 하여 이 부족의 지도자들은 동맹의 가치, 지향, 전통에 대한 책임의식이 남달랐다. 앞서 말했듯이 이 동맹은 평등의 이상을 지향했다. 그리고 이는 군주제에 대한 저항의 태도와도 연결되어 있었다.[9] 이러한 이상에 따르면 어느 부족도 다른 부족 위에 있어서는 안 되고, 어느 가문도 다른 가문 위에 있어서는 안 되었지만 현실은 그렇지 않았다. 에브라임 부족은 다른 부족을 압도하는 위치에 있었다. 에브라임 부족의 입장에서는 자신들이 다른 부족을 압도하지 못하면 동맹의 가치와 이상이 깨어질 수도 있었기에, 더 큰 가치를 위한 일종의 필요악 같은 것으로 여겨졌을 것이다. 그렇게 에브라임은 동맹에 속한 부족들 위에 경찰 부족처럼 군림했다.

에브라임 부족의 수위권은 부족동맹 이스라엘이 존속하는 기간 내내 계속되었다. 가끔 에브라임의 수위권을 위협하는 영향력 있는 영웅들이 다른 부족에서 등장하기도 했다. 대표적인 인물이 기드온(므낫세 부족)이나 아비멜렉(기드온의 아들), 입다(길르앗 부족), 사울(베냐민 부족) 같은 이들이다. 문제는 이렇게 비에브라임 출신 영웅의 지명도가 부족의 경계를 넘어서 동맹 차원으로까지 미칠 경우, 그들이 속한 부족과 에브라임 부족의 갈등이 심화되곤 했다는 데 있다.

〈사사기〉 끝부분에 덧붙여진, 부족동맹 후기 상황을 반영하는 것으로 보이는 두 텍스트(17-18; 19-21)에는 이러한 갈등이 함축되어 있다. 에브라임 부족과 베냐민 부족 간에 일어난 갈등의 배경은 두 가지로 요약할 수 있다. 하나는 부족동맹 후기로 갈수록 에브라임 부족의 수위권이 흔들리고 있었다는 것이다. 이는 군주제에 반대하며 가문 간, 부족 간 평등을 추구했던 동맹 이데올로기의 사회적 통합 효과가 점차 퇴색되어가고 있었음을 뜻한다. 다른 하나는, 그럼에도 아직까지는 에브라임이 가장 강력한 부족이었다는 것이다.

한편, 이 두 텍스트에는 몇몇 구절들에서 의미심장한 첨가문이 들어있는데, 그것은 '아직 이스라엘에 왕이 없던 때'에 있었던 일이라는 언급이다(17:6; 18:1; 19:1; 21:25). 물론 이 첨가문이 군주제 시대의 산물임은 이론의 여지가 없다. 이는 필시 〈창세기〉에서 〈열왕기〉에 이르는, 거대한 서사 편찬의 주역인 유대왕국 요시야 왕실 서기관들이 첨가한 것이다. 초기 이스라엘 공동체, 즉 부족동맹 이스라엘 시대가 얼마나 혼돈의 시절이었는지를 강조하는 것은 군주제로의 이행이 혼돈에 질서를 부여하는 과정이었음을 강변하는 것이기도 하다.

기브아의 집단 강간 사건

이제 〈사사기〉 19장 이야기로 들어가보자. 에브

라임 산골에 살고 있던 한 레위인이 베들레헴으로 갔다. 친정으로 돌아가버린 '아내'를 데려오기 위해서였다. 여기서 잠시, '아내'로 번역된 히브리어 '필레게쉬 pilegesh'를 짚고 넘어갈 필요가 있다. 한국어 번역본들은 이를 이구동성으로 '첩'으로 표기했고, MEVModern English Version나 NIVNew International Version 등의 영어 성서도 대부분 'concubine'으로 옮겼다. 'concubine'은 법률상의 아내인 와이프wife가 아닌 동거녀를 가리키는 말이다. 한데 '필레게쉬'의 보다 정확한 의미는 정식 부인이기는 하되 낮은 서열의 아내를 가리키는 것이다. 따라서 엄밀히 따지자면 '첩'과는 다르다. '첩'은 일부일처제에서는 가능한 개념이지만 일부다처제 사회에서는 그렇지 않을 수 있다. 해서 여기서는 '첫째 서열이 아닌 아내들 중 1명'이라는 뜻에서 '둘째 아내'라고 옮기겠다.

본문은 레위인의 '둘째 아내'가 친정으로 돌아간 것은 '화가 났기' 때문이라고 말한다(19:2). 여기서도 잠시 짚고 넘어가자. 흔히 이 여인이 친정으로 간 이유가 그녀의 성적인 방만함 탓이라고 해석되곤 했다. 개역한글판과 개역개정판이 그렇게 번역했고("그 첩이 행음하고") 영어 성서인 킹제임스판KJV도 그렇게 옮겼다("his concubine played the whore against him"). 이렇게 해석된 것은 히브리어 '자나zanah'의 용례에서 비롯되었을 것이다. 이 단어가 성서에서 주로 '음행'의 의미로 쓰였기 때문이다. 그 예로 '자나'가 쓰인 〈창세기〉 38장 24절의 용례를 보자. 야곱의 넷째 아들 유다는 친정으로 보낸 며느리 다말이 "창녀짓zanah을 하여" 임신했다는 소식을 듣고 "그를 끌어내서 화형에 처하여라!"라고 명한다. 여기서 볼 수 있듯이 식솔인 여성의 '음행'은 이유를 불문하고 죽여 마땅한 것이었다. 한데 〈사사기〉 19장 2절에서 '자나'하여 친정으로 가버린 '둘째 아내'를 남편인 레위인이 데리러 갔다고 한다. 그러므로 〈사사기〉에서 '자나'를 '음행'으로 번역하는 것은 타당해 보이지 않는다. 그리스어 번역본인 70인역 성서LXX에서는 이 단어를 '화가 나다'라는 뜻의 '오르기조οργιζω'로 옮겼다. 즉, 그녀는 '음행'을 저지른 것이 아니라 '화가 나서' 떠난 것이라는 얘기다. 또한 히브리어 원문에 가장 충실한 영어 번역본들로 평가되는 MEV나 NIV도 '그녀가 화가 나서("his concubine became angry with him"—MEV, "she was unfaithful to him"—NIV)'로 옮겼다. 이 번역본 성서들은 그녀가 떠난 이유를 남편의 잘못 때문이라고 본 것이다.

두 번째 장면은 레위인 남편이 '둘째 아내'를 데리고 자신의 집으로 돌아가는 길에서 있었던 사건을 다룬다. 그 무대는 베냐민 부족의 성읍인 '기브아'다. 필시 집필자인 유대왕국 서기관들이나 그 독자들은 이 대목에서 눈이 크게 뜨였을 것이다. 왜냐하면 기브아는 유대왕국 시조 다윗의 라이벌인 사울의 고향이기 때문이다. 아마도 유대왕국의 일원인 저자나 독자들은 편견을 숨기지 못했을 것이다. 편견의 눈으로 본다는 것은, 그들이 베냐민 부족의 땅인 기브아의 편에서 이 텍스트를 쓰거나 읽지 않았을 것이라는 얘기다. 하여 사울을 낳은 고장이 그 이전부터 무뢰배들의 땅에 다름 아니라는 편견에 가득 차서 쓰고 읽었겠다.

다시 본문으로 돌아가자. '둘째 아내'를 데리고 집으로 돌아가던 레위인은 기브아에 이르러 한 노인의 집에 묵게 된다. 그러자 성읍의 불량배들이 몰려들어 고래고래 소리를 질러댔다. "그 남자를 끌어내시오. 우리가 그 사람하고 관계를 좀 해야겠소."(19:22) 여기서 대부분의 번역본 성서들이 '관계 맺다'라고 번역하는 히브리어 '야다yadah'는 성서에서 '성관계를 맺다'는 뜻으로 쓰이기도 했고(창세기 4:1, 17, 25) '자비를 베풀다'(잠언 12:10)와 '정의를 실천하다'(예레미야 22:15)는 의미로도 쓰였다.

그렇다면 〈사사기〉 19장 2절의 '야다'는 어떤 의미로 쓰인 것일까. 문맥상 '자비를 베풀다'나 '정의를 실천하다'의 의미는 아닐 것이다. 그렇다면 첫 번째 의미, 즉 성관계를 맺겠다는 뜻일까. 바로 이런 관점에서 기브아의 불량배들이 동성애자라는 주장이 제기된 것이다.[10] 하지만 그것도 문맥상 개연성이 없다. 레위인을 손님으로 환대한 노인은 불량배들을 달래기 위해 레위인 대신 자기 딸과 레위인의 '둘째 아내'를 내주겠다고 말하기 때문이다(19:24). 만약 불량배들이 동성애자였다면 그런 제안은 결코 협상안이 될 수 없을 것이다. 또한 실제로 그자들은 그 레위인의 '둘째 아내'를 밤새도록 성폭행했다(19:25).

그렇다면 이 텍스트에서 '야다'는 성관계를 뜻한다고 볼 수 없다. 나는 이 구절을 비속어 표현으로는 이렇게 옮길 수 있다고 본다. "저자를 끌어내라. 저 씨팔새끼를 끌어내라." '씨팔'은 '성교하다'는 의미의 비속어인 '씹하다'에서 유래한 욕설이다. 하지만 남자들이 남자에게 이런 욕설을 쓴다고 해서, 그 말을 의미 그대로의 동성 간 성폭력으로 받아들이지는 않는다. 즉, 여기서 '야다'의 의미는 그 말이 향하는 대상에게 적개심을 표현하는 욕설 이상도 이하도 아니라는 것이다.

한데 동네 불량배들은 왜 레위인에게 적개심을 품었을까. '둘째 아내'를 데리러 온 그가 기브아에서 무슨 잘못이라도 했던 것일까. 하지만 그럴 가능성은 별로 없어 보인다. 레위인은 그곳에서 사람들의 비위를 건드릴 시간적 여유도 없었다. 베들레헴에서 '둘째 아내'를 데리고 다시 에브라임으로 돌아가는 길에 날이 어두워졌고, 하는 수 없이 기브아에서 하루를 묵고자 했는데 집집마다 거절당한 참이었다.

…… 베냐민 지파의 땅인 기브아 가까이에서 해가 지고 말았다. 그들은 기브아에 들어가서 묵으려고 그리로 발길을 돌렸다. 그들이 들어가 성읍 광장에 앉았으나, 아무도 그들을 집으로 맞아들여 묵게 하는 사람이 없었다.

—⟨사사기⟩ 19장 14~15절

불량배들이 행패를 부리기 전에도 그는 이미 동네 사람들에게 혐오의 대상이었다. 왜 아무도 그들을 하룻밤 묵게 하지 않았을까. 도대체 무엇이 사람들로 하여금 그에게 적개심을 품게 했을까. 이에 대해서는 뒤에서 더 이야기하고, 여기서는 레위인의 '둘째 아내' 집단강간 사건의 개요를 좀 더 정리해보자.

레위인을 받아들인 노인은 대문 앞에서 소리를 질러대는 불량배들에게 자기 딸과 레위인의 아내를 내줄 테니 이 사람만은 내버려두라고 말한다(19:24). 딸이 윤간을 당한다면 그녀는 앞으로 죽음보다 못한 삶을 살게 될지 모르는데도 그녀의 아버지는 한갓 낯선 방문객을 지키기 위해 이런 무리한 제안을 한다. 좀처럼 이해되지 않는다. 하지만 이에 대한 궁금증도 일단은 뒤로 미루고 사건의 진행을 살펴보자.

노인의 딸은 안전할 수 있었다. 레위인의 '둘째 아내'만 불량배들에게 보내졌기 때문이다. 이건 설명이

가능하다. 동네 불량배들이 적개심을 품은 대상은 노인이 아니라 레위인이다. 이 적개심의 대상을 대신할 사람이 있다면 노인의 딸이 아니라 레위인의 아내인 것이다. 여기서 우리는 불량배들이 레위인을 '야다'하겠다고 소리 지르는 이유가 성적 욕구 때문이 아니라는 사실을 다시 한 번 확인하게 된다. 그들은 동성애자가 아니다. 물론 그 시대는 양성애가 매우 흔해서 불량배들 중에도 그러한 성적 취향을 가진 사람이 여럿이었을 것이라고 가정해도 무방하겠지만, 중요한 건 그들이 성적 욕구에 불타서 낯선 방문객에게 행패를 부리는 것이 아니라는 점이다. 만약 성폭력이 목적이었다면 그들은 노인의 제안을 받아들여 레위인의 '둘째 아내'는 물론 노인의 딸까지도 성폭행의 대상으로 삼았을 것이다.

결국 불량배들이 레위인의 아내만을 데려간 것은 그들이 이런 짓을 저지른 이유가 '성적 욕구' 때문이 아니라 '적개심' 때문임을 알 수 있다. 그들은 이 낯선 방문객에게 적개심을 품고 있었고 그를 공격하고 싶었지만 집주인 노인의 만류와 타협안을 받아들였다. 그렇게 레위인 대신 그의 아내를 집단 강간하는 것으로 그 분노를 대체했다. 그것이 레위인을 충분히 모욕할 것이라고 생각해 승리감에 취할 수 있었던 것이다.

레위인의 '둘째 아내'는 마치 이리 떼에게 던져진 양처럼 불량배들에게 내버려졌다. 그녀는 밤새도록 이

알렉상드르-프랑수아 카미나드가 그린 〈에브라임의 레위인〉(1837).

리저리 끌려다니며 갖은 능욕을 당하다가 새벽에야 놓
여났다. 만신창이가 되어 죽을 것 같은 몸으로 가까스
로 남편이 묵은 집 앞까지 왔으나 그 이상 아무것도 하
지 못하고 문고리를 붙잡은 채 그만 죽은 듯이 쓰러져
버렸다. 레위인은 아침에 아내를 발견하고는 이렇게 말
한다. "일어나서 같이 가자."(19:28) 귀를 의심케 하는
말이다. 지난밤 아내가 옆방에 잠든 것이 아니라 밤새
난폭한 이들에게 능욕당했음을 모를 리 없는 자가, 옷
이 갈가리 찢기고 온몸에 남아 있는 역력한 능욕의 흔
적을 목도했을 것임에도, 그런 아내에게 던진 첫마디
치고는 너무나 부적절하다. 당연히 아내는 아무 대답

도 하지 않는다. 아니, 할 수 없었다. 그러자 남편은 그녀를 나귀에 싣고 서둘러 에브라임 땅의 본가로 돌아간다.

누구의 고통인가

레위인은 아내가 죽었는지 살았는지 아무런 관심이 없다. 히브리어 원문은 28절에서 '그녀를 들어 나귀에 얹었다'고만 언급하고 있고, 29절에서도 그녀를 열두 토막 내어 이스라엘 각 부족에게 보냈다고만 되어 있다. 만약 사망하지 않은 상태였다면 더더욱 끔찍한 얘기다. 해서 한글 번역본들은 모두 28절과 29절에서 그녀를 '주검' 혹은 '시체'라고 번역했다. 공동번역 성서만이 그가 아내를 나귀에 얹을 때는 그녀가 죽은 상태인지를 말하지 않고, 에브라임의 집에 돌아와 열두 토막을 낼 때 '시체'라고 함으로써 상상력의 여지를 남겨 두고 있다.

일어나 가자고 하였으나 대답이 없었다. 그는 첩을 나귀에 얹어 가지고 자기 고장을 향해 길을 떠났다. 그는 집에 도착하는 길로 칼을 뽑아 자기 첩의 시체를 열두 조각으로 내가지고는 이스라엘 전국에 보냈다.

—〈판관기〉 19장 28~29절. 〔공동번역〕

기원전 2세기의 그리스어 번역본인 70인역 성서와 서기 5세기경에 라틴어로 번역된 불가타 성서Vulgata에서도 대부분의 한글 번역본처럼 그녀가 나귀에 실릴 때 이미 시신이었다고 말한다. 그러나 몇몇 영어 성서들은 히브리어 성서처럼 생사 여부에 대한 어떠한 단서도 주지 않는다. 심지어 그녀를 토막 낼 때조차 시신 상태였는지에 대해 말하지 않는다.

He said to her, "Get up; let's go." But there was no answer. Then the man put her on his donkey and set out for home. When he reached home, he took a knife and cut up his concubine, limb by limb, into twelve parts and sent them into all the areas of Israel. (그는 그녀에게 "일어나라, 가자"라고 말했다. 그러나 대답이 없었다. 그러자 그는 그녀를 나귀에 얹어 집을 향해 떠났다. 집에 당도하자 그는 칼로 자기 첩의 사지를 열두 토막으로 잘라 이스라엘 각지로 보냈다.)

—〈사사기〉 19장 28~29절. 〔NIV〕

He said to her, "Get up, let us be going," but there was no answer. So the man put her on a donkey and went home. When he got home, he took a knife and seized his concubine, then cut her body into twelve pieces. Then he sent her throughout all the territory of Israel. (그는 그녀에게 "일어나라, 가자"라고 말했다. 하지만 대답이 없었다. 그러자 그는 그녀를 나귀에 얹어 집으로 갔다. 그가 집에 와서는 칼을 들고 첩을 붙잡아 몸을 열두 토막으로 잘랐다. 그리고 그것들을 이스라엘의 영토 모든 곳으로 보냈다.)

—〈사사기〉 19장 28~29절, (MEV)

윤간당할 것을 알면서도 불량배들에게 아내를 내주고 잠들어버린 레위인의 비정함을 보아서는, 아마도 생사 여부를 확인하려는 어떤 노력도 없이 죽은 듯 널브러진 아내를 나귀에 태워 서둘러 고향으로 돌아갔다고 하는 게 개연성이 있어 보인다. 요컨대 그자의 시선에서 아내가 죽었는지 아닌지 여부는 아무 의미가 없었을 것이다. 아내가 다른 이들에게 능욕당했다는 사실만으로도 그에게는 이미 죽은 것이나 진배없기 때문이다. 그는 도망치듯 달려서 안전이 보장된 집으로 돌아온 뒤 아내를 열두 토막으로 잘라 이스라엘 동맹에 속한 각 부족들에게 보냈다. 아내를 애도하거나 자신의 비겁함을 성찰하는 모습은 전혀 보이지 않는다. 그는 아내가 당한 성폭력을 자기가 겪은 수모로 끝없이 되새기며 분에 겨워 동족들에게 복수해달라고 선동하는 데 집착할 뿐이다.

이란 출신의 세계적인 감독 아스가르 파르하디 Asghar Farhadi(1972~)의 영화 〈세일즈맨The Salesman〉(2016)에는 느닷없는 괴한의 침입으로 부상당한 아내에게 경찰에 신고할 것을 종용하는 남편이 나온다. 그는 아내가 성폭력을 당했을지 모른다고 생각하면서, 신고로 인해 그녀가 겪게 될 고통을 걱정하기보다 꿈틀대는 의혹에 겨워 범인을 색출해 분풀이해야만 하는 자신의 속마음을 은연중에 드러낸다. 〈사사기〉 29장의 레위인도 자기 자신이 피해자라는 감정에 사로잡혀 복수심에 불타 그런 행위를 저지른 것이 아닐까. 그나마 〈세일즈맨〉 속 남자에게서는 그런 속마음을 자기 자신에게도 속이려는 모습이 엿보이지만, 레위인에게서는 스스로를 부끄러워하는 어떤 모습도 보이지 않는다.

토막 난 시신을 받은 이스라엘 부족들은 충격에 휩싸이고, '온 부족들'이 미스바로 모인다(사사기 20:1). 미스바는 이스라엘왕국과 유대왕국의 접경지대에 있던 성읍으로 이스라엘왕국이 강건하던 시절에는 왕실 성전이 있었던 곳 중 하나였고(호세아 5:1), 이스라엘왕국이 멸망한 뒤에는 유대왕국이 애초부터 그 땅의 종주

루이 9세를 위해 1240년대에 제작되었다고 알려진 모건 성경Morgan Bible 속 레위인의 아내를 그린 삽화.

권이 자신들에게 속했다고 주장한 땅이었다(여호수아 15:38). 부족연합 사회에서 군주제 사회로의 이행기에는 베냐민 부족의 성읍으로(여호수아 18:26), 반군주제 모델과 군주제 모델 사이의 갈등이 첨예했던(사무엘상 22) 이스라엘 사회의 종교적 중심지 중 하나가 바로 미스바였다.

토막 난 시신을 받고 온 부족들이 모여 이뤄진 미스바 회합은 부족연합군이 기브아인들에게 보복전을 벌이자는 결의로 마무리된다. 전쟁의 명분은 "기브아 사람이 이스라엘 안에서 저지른 이 모든 수치스러운 일을 벌하게 하자"(사사기 20:10)는 것이었다. 이러한 결의는 철저한 조사 과정이 생략된 채 흥분된 상태에서 매우 감정적으로 도출된 것이었다. '공분公憤'이라는 충동적 적개심으로 전쟁 결의가 이루어진 것이다.

앞에서 말한 것처럼 이런 공분과 응징의 정치학의 직접적 원인은 레위인이 겪은 수모에 있다. 그가 겪은 수모가 이스라엘 부족 전체의 수모로 확대 해석된 것이다. 물론 이는 한 사람의 레위인이 할 수 있는 일이 아니다. 그자의 수모를 이스라엘 부족 전체의 수모로 확대 해석하고 분노를 재생산할 수 있는 '거대한 스피커'가 필요하다. 바로 그 스피커 역할을 한 것이 '에브라임의 족장들'이었음은 미루어 짐작할 만하다. 그 레위인은 에브라임 부족의 땅에서 일하는 제사장이었기 때문이다. 에브라임 족장들은 그가 겪은 수모를 자신들의 수모로 감정 이입했을 것이고, 이스라엘 부족동맹의 강력한 헤게모니 세력인 그들의 수모는 곧 이스라엘 전체의 수모로 확대 해석될 수 있었다.

전쟁의 명분이 된 죽음

한데 아무리 확대 해석이 되었다고 해도 어떻게 전쟁으로까지 이어질 수 있었을까? 이를 이해하려면 이스라엘 부족동맹의 정치학에 대한 보다 깊은 이해가 필요하다. 이 사건의 시대적 배경은 부족동맹 시대 말기로 추정된다. 즉, 부족동맹의 질서와 비전이 와해되고 있는 시점에 일어난 사건이라는 얘기다. 그리고 장소는 베냐민 부족의 성읍 기브아다.

얼마 후 이곳 기브아에선 사울이라는 걸출한 영웅이 탄생한다. 당시 팔레스티나 전역을 휩쓸고 있던 또 다른 부족동맹 블레셋의 군대가 중부 고원지대, 이스라엘 부족들이 거류하는 곳으로 공격해 들어왔고, 언제나처럼 이스라엘은 동맹군을 결성하여 방어에 나섰다. 이때 지도자로 부상한 이가 사울이었다. 당시 베냐민 부족에서 가장 유력한 집안의 지도자였던 사울은 전쟁 동안 부족연합 전체를 대표하는 지도자로 부상했다. 과거 입다(11:1-12:7)나 아비멜렉(9) 같은, 비에브라임계 영웅이 부상했을 때는 에브라임 부족의 견제가 만만치 않았지만, 베냐민 부족 출신 지도자 사울에겐 견제나 압박이랄 것이 거의 없었다. 그만큼 사울은 강력한 세력의 중심이었고, 부족동맹 이스라엘의 변화된 기조를 대변했다. 사울의 부족 베냐민의 성읍 기브아는 이처럼 유사 왕권이라고 할 만한 막강한 권력자가 등장할 수 있는 장소였다. 아마도 기브아는 권력집중 현상을 받아들일 만한 사회적 여건이 다른 곳보다 더 잘 조성되고 있는 지역이었을 것이다.

그러한 사회적 여건에는 베냐민 지역에 자리 잡고 있던 유명 성소들에서 권력집중형 사회에 호의적인 종교 지도자들이 등장했다는 것도 포함된다. 필경 그것은 베냐민 지역의 성소들이 다른 지역의 성소들보다 더 발달하여, 지역성소의 성격을 넘어 초부족적 성소의 성격을 갖게 되었다는 사실과도 무관하지 않을 것이다. 특히 실로Shiloh는 (에브라임 부족의 영토에 속해 있지만) 베냐민 부족과 깊은 연관이 있는 중요한 성소다. 고고학적으로 이곳은 기원전 19~18세기부터 이미 거주지였던 흔적이 발견되었지만, 종교적 중심지로 부상한 시기는 부족동맹 이스라엘 시대 말기로 추정된다. 사울 시대에는 그 위상이 절정에 이르지만 그의 몰락 이후에는 실로성소도 위상이 추락하여 회복되지 못했다. 이는 베냐민 부족의 성공과 실로의 성공이 서로 연동되어 있었음을 시사한다.

〈사사기〉 19~21장에도 실로가 등장한다. 이스라엘 부족연합군이 기브아인들을 공격하여 집단 학살을 자행한 뒤 전후 처리과정에서 멸족의 위기에 처한 기브아인들에게 실로의 여자들을 납치하여 종족 보존을 할 수 있도록 허용했다는 이야기다. 그러나 승전 세력이 패전 세력 주민들을 집단 학살하고는 다시 종족을 보존하도록 허용했다는 것은 역사적 개연성이 적다. 해서 그 설화 자체를 그대로 받아들이기는 어렵다. 하지만 분명한 것은 기브아와 실로가 이 시기에 처음으로 역사적 연결망을 형성했다는 점, 그리고 당시 부족 간 전쟁에서는 실패했지만 얼마 후 기브아가 부족동맹의 주도 세력으로 부상하던 사울 시대에 실로도 가장 중요한 성소의 역할을 하게 되었다는 점이다. 그러므로 앞에서 얘기했듯이 권력집중형 사회로의 전환기에 베냐민 부족이 정치 세력으로서 핵심적 역할을 한 것처럼, 야훼계 제사장의 한 분파인 실로계 제사장 그룹이 종교적 세력으로서 중요한 역할을 했다고 볼 수 있다.

하여 나의 가설적 주장은 이렇다. '베냐민(특히 기브아)–실로'로 이어지는 정치적이고 종교적인 권력집중형 사회로의 기획이 부족동맹 해체기의 매우 중대한 정치적 현상으로 부상하고 있었고, 이는 에브라임 중심의 전통적 부족동맹의 기획, 즉 권력분산형 사회로의 기획에 강력한 도전이 되었다. 물론 이러한 갈등의 기반이었던 이데올로기의 대립이 현대의 그것만큼 강력하고 촘촘하지는 않았을 것이다. 그럼에도 상반된 지향이 베냐민과 에브라임 사이에서 갈등 요인으로 작용했다. 기브아에서 일어난 집단 강간 사건은 바로 이런 맥락에서 이해되어야 한다.

권력분산형 사회에 대한 이데올로기나 권력집중형 사회에 대한 열망은 서로 대립적이지만 결국 둘 다 이스라엘의 더 행복한 미래에 관한 꿈을 품고 있었다. 평등이 우선인지 분배가 우선인지, 아니면 강력한 정치 세력 형성이 우선인지는 누구도 단언할 수 없다. 그러한 시기에 이웃 족속들이 속속 군주제 사회로 전환되고 있었으니 부족동맹 이스라엘이 체제를 전환하지 않고서 존립하는 것도 만만치 않은 일이었다. 게다가 부족동맹 이스라엘 내부에서 빈부격차가 심화되고 있었다는 사실도 무시할 수 없다. 이때 신이 선택하여 '기름 부은' 이상적 지도자가 나라를 다스려야 한다는 주장은 충분한 설득력이 있었다. 실제로 사울은 이상적 지도자로 손색이 없어 보였다. 그는 야훼 전통을 존중했고, 능력 면에서도 강력한 외적의 침입을 방어하는 데 탁월했다.

이렇게 권력분산이냐 권력집중이냐의 이데올로기적 갈등이 본격화될 무렵, 그러나 아직은 권력분산을 유지하려는 세력의 통제력이 우세하던 시기에 레위인의 아내 윤간 사건이 일어난 것이다. 가해자는 부족동맹 이스라엘의 지배 이데올로기에 반감을 가진 베냐민 부족의 성읍 기브아의 주민들이었다. 부족동맹은 명분을 얻었고 기브아인들은 '수치스런 짓'을 자행한 '악한'으로 낙인찍힌다.

그러나 앞서 말했듯이 정치적 배후에 있는 이데올로기들이 무엇이고 얼마나 이상적이든, 사건 자체는 타자화된 자를 희생양 삼아 죽음에 이르게 하는 데 모두가 공모자로 가담하는 방식으로 전개되었다. 모파상의 〈비곗덩어리〉처럼 이데올로기들이 저마다의 이상적 가치를 뽐내며 서로 치열하게 경합하던 시절, 어느 편에서도 도움받지 못하고 심지어 살해당한 몸마저도 명분으로 이용되었던 이에 관한 이야기. 〈사사기〉 19~21장에서 우리는 바로 이런 희생양의 소거된 목소리를 발견하게 된다.

애도에서 다시 출발하기

프랜시스 코폴라Francis Ford Coppola(1939~)의 영화 〈드라큘라〉(1992)는 무시무시한 흡혈귀에 관한 이야기라기보다는, 인간보다 더 인간애 넘치는 비인간, 인간의 가치를 박탈당한 '비존재적 존재'에 관한 이야기다. 영화는 15세기 루마니아의 트란실바니아 지방의 영웅 드라큘라 백작이 오스만 제국과의 전쟁에 참전하는 동안, 그가 전사했다는 오스만 제국의 흑색선전에 속은 아내 엘리자베타가 자살하는 장면으로 시작된다. 백작은 아내의 영혼이 구제받지 못한다는 사제의 선언에 절망하고 분노하면서 십자가를 칼로 찍으며 악마가 될 것을 선언한다. 그로부터 수세기가 흐른 뒤, 악마가 된 그는 영국으로 향한다. 죽은 아내 엘리자베타가 환생하여 그곳에 살고 있기 때문이다. 영화 속 드라큘라 백작은 아내를 위해 악마가 되고, 그녀를 찾아 자신이 안주하던 공간을 버리고 낯선 곳, 전근대의 신화가 자리 잡기에 부적절한 근대성의 중심지로 찾아간다. 그는 사랑을 지키기 위해 자신의 모든 걸 바칠 수 있는 존재다.

〈사사기〉 19~21장의 등장인물들, 특히 아내를 불량배들에게 넘겨준 그 레위인은 어떤가? 레위인들은 하느님의 진리를 수호하는 존재임을 자부해온 이들이 아닌가? 하느님의 진리의 담지자로서 악에 대항해 모든 걸 바칠 수 있다고 자부하는 이들이 아닌가? 그러나 그들의 진리는 '제3자'인 한 여자를 죽게 하고, 그 죽음을 이용해서 자신들의 권력을 재생산할 기회를 추구한다. 물론 그때마다 '정의'를 위한다는 숭고한 구호가 뒤따르지만, 그 정의는 '제3자'의 희생을 묵인하는 정의다. 하여 그 정의는 '숭고함과 야만'이라는, 야누스적 얼굴을 하고 있다.

앞서 영화 속 드라큘라 백작은 정의로부터 소외된 존재다. 그는 악을 추구하고, 정의를 부정하는 존재로 규정된 자다. 그는 파멸을 야기하는 존재로 알려진 자다. 그는 세계를 향해 저주의 독성을 뿌리는 어둠의 세력의 정점에 있는 존재라고 소개되는 자다. 하지만 그는 자신을 위해 자기의 여인을 버린 자가 아니라, 그녀와의 사랑을 지키기 위해 자신을 버린 자다. 그렇다면, 어쩌면 드라큘라는, 사방에 가학적 문화를 새기고 다니는 정의의 수호자들 때문에 살해당한 이들의 악귀가 아닌가? 그들의 반反진리적 실천은 바로 진리의 파괴성 때문이 아닌가?

비참하게 강간당하고 죽은, 그리고 주검까지도 이용당한 여자. 살아서도 죽어서도 자신을 이용한 자들에게 항변하지 못하도록 침묵을 강요당한 여자. 저 레위인의 '둘째 아내'를 위한 애도는 '진리의 숭고함' 뒤에 숨겨져 있을지 모르는 그 가학성의 피해자들, 그이들의 흔적들 하나하나를 찾아내고 그이들의 잊혀진 이름을 다시 부르는 데서 시작되어야 한다. 누군가를 혐오하는 욕구를 정당화하는 텍스트로 읽을 것이 아니라, 혐오의 희생자가 되었음에도 모두에게 망각되어버린 그이를 애도하는 마음으로 읽어야 하는 텍스트라는 것이다. 바로 이것이 〈사사기〉 19장을 읽는 출발점이다.

1 배정훈, 〈구약성서에서 바라본 동성애〉의 결론 부분 중(https://www.cjob.co.kr/christianity/786).

2 〈룻기〉는 군주제 사회가 종식되고 식민지 시대로 접어든 이후 수세기가 지난 뒤에야 저술된 것으로 추정된다. 아시리아와 바빌로니아 식민지 시대를 지나 페르시아 시대 혹은 그 이후 헬레니즘 제국 시대의 문서라는 얘기다.

3 부족동맹 이스라엘과 군주국 이스라엘 사이에 직접적인 연관성은 없다. 블레셋 동맹과 이스라엘 동맹 사이의 사활을 건 전쟁이 벌어지던 시기, 이스라엘 부족동맹 내부에서 베냐민 부족 출신 사울을 주축으로 군주국으로의 이행 노력이 있었지만 그 시도는 성공하지 못했다. 아마도 블레셋 부족동맹과의 사활을 건 전쟁과정에서 두 세력 모두 정치 세력으로서 치명적인 파산 상황에 직면했던 것 같다. 그 후 이집트의 종주권 아래 다시 예속되었던 것으로 추정된다. 그리고 얼마 후 군주국 이스라엘이 태동했다. 유대왕국의 정사正史가 고스란히 보전된 〈열왕기〉는 여로보암이라는 에브라임 부족 출신의 솔로몬 왕정 관료가 모반을 하여 군주국을 창건한 것으로 이야기하는데, 고고학적 사료에 의하면 이스라엘왕국이 유대왕국보다 군주국으로의 발전이 훨씬 앞섰다. 이스라엘왕국이 시리아-팔레스티나 지역의 최강국으로 번영하고 있을 때 유대왕국은 원시국가 수준을 벗어나지 못했던 것이다. 추정컨대 이스라엘왕국의 창건자인 여로보암은 솔로몬 왕실의 관료가 아니라, 사울의 국가 이후 팔레스티나에 대한 종주권을 장악하고 있던 이집트의 관료였다가 이스라엘을 창건한 것이 아닐까 한다. 이때 여로보암은 부족동맹 이스라엘의 계보를 잇는 나라를 주장하면서 국호를 이스라엘로 지은 것으로 추정할 수 있다.

4 이스라엘왕국의 군사령관으로서 쿠데타를 일으켜 오므리 왕조를 몰락시키고 새로운 왕조를 일으킨 예후(기원전 839~822)의 국사國師인 엘리사는 아벨므홀라Abel-meholah 예언자 길드의 지도자였다.

5 '이스라엘 왕의 역대지략'을 참조했다는 표현이 〈열왕기상〉에서 7회, 〈열왕기하〉에서 11회, 〈역대하〉에서 1회, 도합 19회나 나온다.

6 이 가설의 출발점은 조지 멘덴홀George Emery Mendenhall이었다. 그는

1962년에 발표한 논문에서 부족동맹 이스라엘의 형성은 외부에서 유입된 이들이 아니라 가나안 원주민의 일부가 새로운 체제를 구축한 것이라고 주장했다. 하지만 이 주장은 당시에 거의 주목받지 못했고, 갓월드에 의해 연구사적 전환점으로 거론되면서 새삼 재평가되었다. 한데 멘덴홀은 자신의 주장은 장기간 계속된 '문화-종교적 혁명cultural-religious egalitarian revolution'이라고 말함으로써 갓월드의 '사회적 혁명social revolution'과는 거리를 두었다. 멘덴홀은 구조적이고 장기적인 변화에 주목한 반면, 갓월드는 주체의 행위를 강조한 것이다.

7   그렇다면 멘덴홀도 제2수정주의 계보에 포함될 수 있지만, 그의 논문에서는 그 논지가 명료하지 않고, 단지 갓월드에 의해 전거로 호명되었을 때 자신의 입장이 구조적 변동을 강조한 것이라고 주장했다는 점에서 그가 제2수정주의론자에 포함된다고 단정할 수 없다.

8   최근 일련의 연구자들 중에는 부족동맹 이스라엘과 주변의 다른 사회가 질적으로 다르지 않았다는 주장을 펴는 이들이 많다. 고고학적 출토물들이 그런 해석의 중요한 논거가 된다. 문화적 차원에서 큰 차이가 없었다는 주장에도 공감하지만, 동시에 군주제에 저항하는 기조가 부족동맹 이스라엘 사회에 메아리치고 있었다는 갓월드의 주장에도 공감한다. 문화적으로 유사하더라도 체제적으로 다른 이데올로기가 작용하는 것은 충분히 가능하기 때문이다.

9   이때 이스라엘이 가지고 있었던 군주제의 기억은 팔레스티나 서부 저지대 성읍국가들의 원시적 군주제와 보다 발달한 이집트의 파라오 체제였을 것이다. 갓월드에 따르면 이스라엘은 이 두 군주제 사회에서 이탈한 이들이 중부 고지대에 정착해서 만들어진 부족동맹체였다. 물론 그것은 단기간에 일어난 일이 아니다. 하지만 장기간에 걸친 이스라엘 부족동맹의 탄생 과정에 동맹의 정신을 불어넣은 것은, 갓월드에 따르면 '모세 집단'으로 가정된 이집트에서 이탈한 이들이 이 지역에 유입되면서부터다.

10 KJV은 "so we can have sex with him!"로 했고 NRSV은 "so that we may have intercourse with him"으로 옮겨 '야다'를 명시적으로 성관계로 표현했다.

2부

"사람들을 부끄러운 정욕에 내버려두셨소."

—'부끄러운 정욕'의 진짜 의미

이런 까닭에, 하느님께서는 사람들을 부끄러운 정욕에 내버려두셨습니다. 여자들은 남자와의 바른 관계를 바르지 못한 관계로 바꾸고, 또한 남자들도 이와 같이, 여자와의 바른 관계를 버리고 서로 욕정에 불탔으며, 남자가 남자와 더불어 부끄러운 짓을 하게 되었습니다. 그래서 그들은 그 잘못에 마땅한 대가를 스스로 받았습니다.

—〈로마서〉 1장 26~27절

'부끄러운 정욕'에 내버려진 사람들은 누구인가

반동성애적 신앙을 강조하는 이들은 〈로마서〉 1장 26~27절에만 집착하는 경향이 있다. 문맥과는 상관없이 그 한두 구절에만 주목하는 것이다. 당연한 얘기지만, 개연성 있는 해석을 위해서는 넓게는 〈로마서〉 전체, 좁게는 최소한 이 구절이 포함된 단락(1:18-32)만이라도 포괄적으로 살펴보아야 한다. 이 단락의 핵심은 '영원한 하느님의 영광'을 '썩어 없어질 형상으로 대체'한 죄에 관한 것이다. 그리고 그 '죄'의 결과가 '부끄러운 정욕'(현상 1)으로 나타나고, 다시 보다 자세한 현상들(현상 2)로 이어진다.

> 그들은 썩지 않는 하느님의 영광을, 썩어 없어질 사람이나 새나 네 발 짐승이나 기어다니는 동물의 형상으로 바꾸어놓았습니다.
>
> —〈로마서〉 1장 23절

> 이런 까닭에, 하느님께서는 사람들을 부끄러운 정욕에 내버려두셨습니다. ······
>
> —〈로마서〉 1장 26절

사람들은 온갖 불의와 악행과 탐욕과 악의(○)로

가득 차 있으며, 시기와 살의와 분쟁과 사기와 적의(ⓒ)로 가득 차 있으며, 수군거리는 자요, 중상하는 자요, 하느님을 미워하는 자요, 불손한 자요, 오만한 자요, 자랑하는 자요, 악을 꾸미는 모략꾼이요, 부모를 거역하는 자요, 우매한 자요, 신의가 없는 자요, 무정한 자요, 무자비한 자(ⓒ)입니다.

—〈로마서〉 1장 29~31절

죄의 결과	
현상 1 (26절)	"부끄러운 정욕"
현상 2 (29-31절)	⊙ 불의, 악행, 탐욕, 악의
	ⓒ 시기, 살의, 분쟁, 사기, 적의
	ⓒ 수군거리는 자, 중상하는 자, 하느님을 미워하는 자, 불손한 자, 오만한 자, 자랑하는 자, 악을 꾸미는 모략꾼, 부모를 거역하는 자, 우매한 자, 신의 없는 자, 무정한 자, 무자비한 자

현상 2는 세 그룹으로 나뉘어 있으며 각각 네 항목(⊙), 다섯 항목(ⓒ), 그리고 열두 부류의 사람들(ⓒ)로 되어 있다. 그런데 이 세 그룹 간의 차이는 모호해 보인다. 추상적이고 일반적인 항목과 사람들을 두서없이 늘어놓은 것 같은 인상을 준다. 이 두서없는 열거를 포괄하는 용어가 현상 1의 '부끄러운 정욕'이다. '두서없다'

는 말처럼 이 분류는 전혀 체계적이지 않다.

하지만 어쩌면 현상 2에 열거된 항목들과 사람들은, 수신자들이 '부끄러운 정욕'의 표상으로 두루 공감하는 내용들을 열거한 것일 수도 있다. 〈로마서〉는 바울이 로마의 그리스도파 공동체에게 보낸 서신이다. 즉, 바울은 '부끄러운 정욕'이라는 말을 한 뒤에 편지의 수신자들이 짐작할 만한 것들을 두서없이 늘어놓은 것이 아닐까? 문제는 수신자들은 짐작할 만한 것들이라 하더라도, 우리가 해독하기는 쉽지 않다는 데 있다. 직접적인 단서가 전혀 없기 때문이다. 따라서 본문에서 얻을 수 있는 간접적인 정보를 통해 해석의 중요한 실마리를 얻어야 한다.

여기서 주목할 것은 이 문장의 주어에 관한 것이다. 그리스어 원문을 보면 주어는 동사 속에 숨어 있다. '바꾸었다' 혹은 '대체했다'는 뜻의 그리스어 동사 '메텔락산μετηλλαξαν'은 원형인 '메탈락쏘μεταλλασσω'의 3인칭 복수형이다. 이에 따라 동사 '메텔락산'이 쓰인 문장의 주어를 한글 새번역 성서는 "사람들"이라고 옮겼고, NIV와 MEV는 "그들they"이라고 옮겼다. 하지만 여전히 그 정체가 모호하다. 주어가 받고 있는 서술부를 보면 '사람들' 혹은 '그들'은 '영원한 하느님의 영광을 썩어 없어질 것으로 바꾼 자들'(로마서 1:23)로 묘사되어 있다. 이런 내용에 걸맞은 이들은 누구일까. 제국의 황제가 1순

발랑탱 드 불로뉴가 그린 〈서신을 쓰고 있는 바울〉(1618?).

위로 떠오른다. 하지만 원문에서 주어는 단수가 아니다. 해서 조금 더 확대해본다면, '그들'은 황제를 포함한 '황가皇家 사람들'이라고 볼 수 있을 것이다.

> 사람들은 스스로 지혜가 있다고 주장하지만, 실상은 어리석은 사람이 되었습니다.

—〈로마서〉 1장 22절

그런데 이 구절을 보면 그들은 스스로 "지혜가 있다고 주장"하는 자들이기도 하다. 그렇다면 떠오르는 것은 원로원 의원인 '귀족들'이다. 그들은 황제나 황가 사람들보다 더 많은 저서를 남겼다. 특히 대중은 황제보다는 귀족과의 접촉면이 더 넓었을 것이기에, '삐딱한 대중'의 눈에는 자기들이 지혜 있다고 주장하는 자들로 가장 먼저 귀족들을 생각했을 법하다. 해서 3인칭 복수형 동사 '메텔락산'의 주어인 '그들'에는 황제와 황가 사람들, 그리고 귀족들이 포함되어 있다고 생각할 수 있다.

이보다 더 확장해볼 수도 있다. 막대한 재산가로 부상한 고위 기사계급의 인사들도 '그들'을 구성하는 일원이었을 것이라는 얘기다. 그들은 법적으로는 귀족보다 훨씬 적은 권력을 누렸지만, 재산은 귀족 못지않은 이들도 많았다. 특히 서민의 눈에는 이들 기사계급이나 귀족이나 갑질을 일삼기는 매한가지였다.

바울과 그리스도파

〈로마서〉 속에서 바울이 누구에게 말을 걸고 있는지도 문제의 구절을 이해하는 데 유용한 간접 정보가 될 수 있다. 우선 〈로마서〉의 수신자는 로마의 이스라엘계 이민자 공동체다. 하지만 그들이 그리 유명하지도 않은 낯선 떠돌이 예언자의 편지에 귀를 기울였을 것 같지는 않다. 따라서 이슬라엘계 이민자 공동체 안에서도 그리스도파 인사들을 포함한, 예수에 호의적인 이들 정도가 바울이 보낸 서신에 관심을 가졌겠다. 여러 통로로 바울에 관한 얘기가 전해졌겠고, 특히 로마의 그리스도파 공동체의 유력 인사였다가 추방당한, 훗날 바울의 측근이 된 브리스카-아굴라 부부가 이스라엘계 이민자 공동체 내부에 바울을 적극적으로 소개했을 것이다.

사후에 급부상한 인물, 바울

여기서 잠시 바울에 관한 개략적인 정리를 하고 넘어갈 필요가 있다. 왜냐하면 후대의 그리스도교 역사에서 바울이 너무나 중요한 인물로 기억된 탓에, 우리는 당대의 그의 위상을 종종 오해하기 때문이다. 바울의 위상이 크게 격상된 시기의 그리스도교와 유대교에 대한 이미지를 바울 당대에 덮어씌워 이해하는 일이 비일비재하다. 그러한 탓에 바울 당대의 그리스도파 운동에 대해 잘못 이해하는 경우도 허다하다.

제2성서로 분류된 27개 텍스트 가운데 바울의 이름으로 쓰였다고 주장하는 문서들은 13개나 된다. 또한 오래전부터 많은 이들은 여기에 〈히브리서〉를 더해 총 14개가 바울의 서신이라고 생각해왔다. 하지만 현대의 학자들은 〈히브리서〉가 바울의 서신이 아니라는 데 이견이 없다. 또 저자가 바울이라고 명기된 텍스트

바울의 친서와 위서

친서	〈로마서〉〈갈라디아서〉〈고린도전서〉〈고린도후서〉〈빌레몬서〉〈빌립보서〉〈데살로니가전서〉	
위서	목회서신	〈디모데전서〉〈디모데후서〉〈디도서〉
	제2바울서신	〈에베소서〉〈골로새서〉〈데살로니가후서〉

는 13개이지만, 실제 친서는 일부에 지나지 않는다고 보는 것이 학계의 일반적인 견해다. 가장 많은 이들이 동의하는 바울의 친서는 7개다. 위의 표는 학자들이 일반적으로 동의하는 바울의 친서와 위서 목록이다.

　저명한 제2성서 연구자인 존 도미닉 크로산John Dominic Crossan(1934~)은 친서 속의 바울을 한마디로 '급진적 바울radical Paul'이라고 표현한다. 이스라엘 종파들 가운데서도 강한 민중적 성격을 지니고 있었다는 점을 강조한 것이다. 반면 위서 속의 바울은 '반전된 바울reactionary Paul'(목회서신), 나아가 '보수적 바울conservative Paul'(제2바울서신)로 바뀌었다고 말한다. 이런 분류법에서 강조점은 위서 속의 바울은 친서 속의 바울을 심각하게 변형, 왜곡하고 있다는 것이다. 위서의 형성과정이 제도화된 그리스도교의 대두와 병행한다는 점에서, 위서는 '그리스도교 이전의 바울'을 이해하기 위한 고려의 대상에서 제외해야 한다는 게 존 도미닉 크로산의 주장이다.

〈사도행전〉의 세 사도

사도	베드로	빌립	바울
본문	1~7장	8~12장	13~28장
활동 지역	예루살렘	유대와 사마리아	땅끝
비중	25퍼센트	14퍼센트	61퍼센트

한편, 〈사도행전〉은 바울과 베드로, 그리고 빌립의 행전이라고 해도 과언이 아닐 만큼 세 사도의 이야기에 거의 대부분의 지면을 할애한다. 위의 표는 〈사도행전〉이 다루는 사도들의 비중과 그들의 주요 활동 공간을 간략히 정리한 것이다. 그러나 세 사도의 활동 지역은 〈사도행전〉의 저자가 임의로 만든 기획의 산물이다. 즉, 후대에 쓰이며 각색된 이야기라는 것이다. 베드로가 그의 본명인 아람식 이름 '시몬'이나 별명인 '게바'가 아니라 그리스식 이름인 베드로로 알려진 것처럼, 그의 주 활동 지역은 예루살렘이 아니었다. 빌립도 〈사도행전〉 마지막 부분을 보면 활동 지역과는 너무 먼, 유대 땅도 아니고 사마리아 땅도 아닌 가이사랴에 집이 있었던 것으로 나온다. 바울도 마찬가지다. 당시 '땅끝'이란 이베리아반도를 가리키는 표현인데, 그는 한 번도 그곳에 간 적이 없었다.

표에서 보듯 바울은 〈사도행전〉에서 절반을 크게 상회하는 분량으로 다뤄진다. 이는 〈사도행전〉이 쓰인

1세기 말~2세기 초 무렵, 바울이 베드로보다도 중요한 '사도 중의 사도'로 부상했음을 시사한다. 이것은 제2성서로 묶인 27개 텍스트 중 바울의 이름으로 된 서신들이 차지하는 비중과도 상응한다. 27개 문서를 정전 canon으로 처음 지정, 공인한 것은 서기 367년 알렉산드리아의 주교 아타나시우스에 의해서다. 그렇지만 이미 1세기 말~2세기 초에 바울의 위상은 급상승하여 그리스도교라는 종교의 탄생에 결정적인 의미를 지니는 인물로 평가되고 있었다. 그 결과 27개 정전 목록 가운데 13~14개가 바울의 문서들로 수집된 것이다.

그런데 바울의 친서들을 보면 그는 결코 동시대(서기 50년대) 그리스도파 운동의 중심인물이 아니었다. 아니 실은, 활동력에 있어서는 누구에게도 뒤지지 않을 만큼 역동적인 사도였지만, 당대 그리스도파 운동 그룹들 사이에서는 별로 알려져 있지 않은 인물이었다. 그를 알고 있는 이들 사이에서도 베드로나 주의 형제 야고보, 아볼로 등에 비해 위상이 낮은 존재였다. 심지어는 그리스도파 탄압에 앞장섰던 전력의 소유자라는 오명이 늘 그를 따라다녔다. 해서 바울은 매우 과시적으로 자신을 부각시키고자 했다. 그의 서신들을 이해하는 데도 그러한 인정투쟁의 표현들에 대한 해석이 매우 중요한 비중을 차지한다.

다시 〈사도행전〉 얘기로 돌아가자. 이 문서는 후대

에 급부상한 바울의 위상을 반영하고 있어 그 내용이 바울을 이해하는 데 방해가 되는 경우가 많다. 한데 최근 연구에 따르면, 바울을 실제보다도 더 중요한 인물로 묘사한 것이 저자의 창작 결과라고 하더라도 그 묘사의 디테일들이 실제의 바울을 이해하는 데 중요한 정보들을 담고 있다는 것이 널리 받아들여지고 있다. 즉, 〈사도행전〉이 사후 급부상한 바울의 위상을 반영하고 있음에도 당대의 실제 바울을 해석하는 데 유용한 정보를 많이 담고 있으며 이 점에서 매우 적극적으로 활용될 필요가 있다는 것이다.

그리스도교 이전과 이후의 바울

바울이 그리스도교 탄생에서 중요한 인물이라는 점은 누구나 인정하는 바다. 한데 독자적 종교로서 그리스도교의 등장은 서기 90년쯤부터다.[1] 이때부터 독자적인 종교로서 태동했다는 것이 아니라, 독자적 종교가 되는 맹아로서 등장한 것이 바로 이때였다는 얘기다. 이 시기는 유대교의 등장과도 맞물린다. 즉 서기 90년경 유대교와 그리스도교가 독자적인 종교로 발전하기 시작했다.

그 내막은 이렇다. 서기 66년, 이스라엘인들의 반로마 항쟁이 일어났다. 그 전쟁은 70년, 예루살렘 성과 성전이 로마군에 의해 잿더미가 되면서 처참하게 일단

락되었다. 사마리아 성과 성전은 상대적으로 피해가 적었으나, 저항군이 끝까지 항전을 벌인 예루살렘 성과 성전은 그야말로 초토화되었다. 그로부터 10년쯤 지나서부터 전후 복구가 본격화된다. 특히 불타 없어진 성전과 함께 무너져버린 이스라엘 종교의 복원 운동이 활발하게 일어나기 시작했다. 다양한 세력이 각처에서 전후 복구 운동을 벌였는데, 그 선두에는 얌니아[2]에 율법학교를 세우는 것이 있었다. 오늘날 이스라엘국의 수도인 베이루트 남쪽 20킬로미터 거리에 있었던 도시 얌니아는 서기 1세기 말에는 블레셋에 속한 땅이었지만, 이스라엘계 이민자들이 매우 많았다. 이곳은 반로마 항쟁 당시 전쟁의 피해를 거의 입지 않았다. 그 때문에 랍비이자 이스라엘 종교 최고 지도자인 요하난 벤 자카이는 로마 황제 베스파시아누스의 재가 아래 얌니아에 율법학교를 세운 것이다. 그로부터 다시 10년쯤 지난 서기 90년경부터는 얌니아 중심의 이스라엘 재건 운동이 원리주의적 유대주의화로 경도되었고, 그 과정에서 수많은 이질적인 요소들이 색출, 배제되었다. 바로 이때 색출되고 배제된 것 중 대표적인 것이 그리스도파(나사렛당파)였다.[3] 〈마태복음〉과 〈요한복음〉은 그리스도파 축출이라는 뼈아픈 체험을 겪은 이들의 문서다.

이런 과정을 거쳐 (랍비적) 유대교가 탄생했다. 현대 유대교 연구의 문을 연 제이콥 뉴스너 Jacob Neusner

(1932~2016) 이래 유대교의 형성 시기는 2~3세기부터 시작해 6~7세기에 이르러 하나의 종교 체계로 정착하게 되었다는 설이 학계를 주도한다. 뉴스너는 완성 이전기의 유대교를 '형성기 유대교formative Judaism'라고 불렀는데, 이 견해와 보조를 맞추어 그리스도 신학계에서도 초기 그리스도교를 '형성기 그리스도교formative christianity'라고 부르기도 했다.

　나는 독자적 종교로서의 유대교와 그리스도교 운동이 시작된 시점을 뉴스너가 말한 '형성기 유대교'보다 조금 앞선, 얌니아 중심의 이스라엘 복원 프로젝트가 시작된 1세기 말부터라고 본다. 그렇게 본다면, 유대교의 탄생과 그리스도교의 탄생, 그리고 바울이 그리스도의 '사도 중의 사도'로 부상하게 된 시기가 겹치고 있음을 알 수 있다. 하지만 친서 속의 바울, 즉 '그리스도교 이전의 바울'은 그리스도교의 사도가 아니었다. 그는 대략 서기 30년대 후반(아마도 36년경)부터 이스라엘 신앙의 한 분파로서의 그리스도파 운동가로 공적 활동을 시작해 60년대 전반기에 사망한 인물이다. 제2성서에 수록된 바울의 친서들이 저작된 시기는 서기 40년대 말부터 50년대 말 사이이고, 주요 활동 지역은 터키, 마케도니아, 그리스였다. 즉, 바울은 '첫 번째 그리스도교인'이 아니다. 그는 이스라엘 종교권에 속한 사람이었고, 그중에서도 소분파인 그리스도파에 속했다.

30년대 말 이후 '그리스도교 형성기'의 분파들

분파	주요 인물	관련 성서
예루살렘 중심의 예수파	야고보(주의 형제), 베드로, 요한	〈사도행전〉
갈릴레아 중심의 예수파	오클로스 공동체	〈마가복음〉
다마스쿠스 계열의 그리스도파	30년대 말~ 40년대 바울	〈사도행전〉 〈갈라디아서〉
안디옥 계열의 그리스도파	40년대 말~ 50년대 바울	바울의 친서들

나사렛 예수를 추종한 예수 운동은 30년대 말 이후부터 크게 네 부류의 운동으로 전개되었다. 예루살렘 중심의 예수 운동, 갈릴레아 중심의 예수 운동, 다마스쿠스 계열의 그리스도 운동, 그리고 안디옥 계열의 그리스도 운동이 그것이다. 이 중 '그리스도 운동'으로 표기한 비팔레스티나 계열의 두 범주는 그리스어를 사용하는 그룹에 의해 전개된 운동이다. 다마스쿠스 계열의 그리스도 운동은 나바테아(지금의 시리아와 요르단 지역의 국가)와 그 동부 지역으로 확장했고, 안디옥 계열의 그리스도 운동은 북시리아와 그 서부(터키, 마케도니아, 그리스 등) 지역으로 펼쳐나갔다.

바울은 30~40년대에는 다마스쿠스에서 시작해 아라비아에서, 50~60년대에는 안디옥에서 시작해 터키, 마케도니아, 그리스 등에서 활동한 그리스도파 활

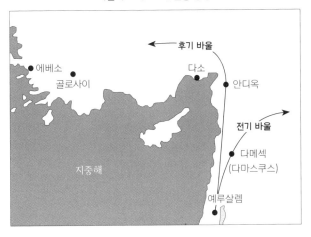

바울의 그리스도파 운동 방향

후기 바울

다소

에베소

골로사이

안디옥

전기 바울

다메섹
(다마스쿠스)

지중해

예루살렘

동가였다. 한데 30~40년대 사역 시기에는 아무런 사료가 남아 있지 않다. 제2성서에 포함된 그의 친서들은 모두 안디옥에서 시작된 그리스도파 계열의 흐름 속에서 저작된 것들이다.

바울의 포용주의와 로마의 분리주의

바울은 에베소에 체류하던 52~55년 사이에 〈갈라디아서〉를 썼다. 집필 시기는 54~55년경으로 추정된다. 그리고 이듬해에 〈로마서〉를 쓴 것으로 알려져 있다. 제2성서에 포함된 바울의 친서들은 모두 그가 만든 공동체에 보낸 서신들인데, 〈로마서〉만은 다른 서신들과 달리 그와 인연이 전무한 이들에게 보낸 서신이다.

로마의 이스라엘계 이민자 공동체 일부 사람들, 특히 그리스도파 인사들이 수신자였을 것이다.

앞에서도 언급했지만 여기서 한 가지 전제할 것은 그리스도파는 아직 하나의 독자적인 종교 세력이 아니었다는 점이다. 예수파든 그리스도파든 이스라엘 종교권을 아우르는 공통점은 '예수'를 가장 중요한 예언자로 모시고 그를 섬기는 집단이었다는 점이지만 〈로마서〉가 집필되던 무렵은 예수에 대한 공통된 교리적 이해가 형성되기 전이었다. 즉, 예수를 따르는 운동들 사이에도 예수에 대한 이해의 차이가 컸던 것이다. 게다가 예수파든 그리스도파든 지역 기반이 다른 사람들 사이의 연대의식은 매우 낮았다. 물론 약간의 공감대야 있었겠지만, 그것이 이스라엘 종교권 내의 다른 소종파들과 구별될 만큼 밀접한 유대감을 형성하는 요소는 아니었다.

당대 로마에서 이스라엘계 이민자 공동체는 어떤 이들이었을까? 1세기 말~2세기 초 무렵 로마의 유력한 정치가이자 역사가인 수에토니우스가 쓴 《황제전》의 〈클라우디우스〉 편을 보면, 네로의 부친인 클라우디우스 황제 때에 수많은 이스라엘인들이 '크레스투스 Chrestus'의 선동으로 야기된 소요 때문에 추방되었다고 한다.[4] 이 책에서 추방된 이들은 '유대인Iudaeum'으로 표기되었지만 로마인들에게 유대인이라는 것이 이스라엘계 이민자들 중 (사마리아파 사람들을 제외한) 유대계 사람들만을 가리키는 것이라고 보는 것은 타당하지 않다. 사실 로마 사회에 살고 있던 팔레스티나 사람들 가운데 유대인과 사마리아인, 그 밖의 다른 범주의 족속들을 나누는 것은 거의 불가능했다.

　팔레스티나 난민의 역사는 기원전 8세기 말, 아시리아의 팽창 시대부터 시작된다. 특히 기원전 4세기 말 알렉산드로스 대왕의 정복 이후, 수많은 팔레스티나 난민들은 지중해 지역 곳곳으로 흩어졌다. 이들 팔레스티나계 난민들은 이스라엘계나 유대계, 블레셋계, 그리고 에돔·모압·암몬계 등으로 나뉘어 살아간 것이 아니라 모두가 뒤섞여 '광의의 이스라엘계' 이민자들로 재결속되었던 것으로 보인다. '광의의 이스라엘계'라고 명명한 것은, 이들 이민자 집단이 '바알 신앙 집단'이 아니라 '야훼 신앙 집단'으로 과잉 대표되고 있었다는 점에서 그렇다. 사실 이들은 긴 세월 동안 종족 간에 혈통이 뒤섞였을 것이다. 심지어는 비팔레스티나 족속과 혈연관계로 엮인 경우도 허다했겠다. 한데 로마 제국 시대 당국자들은 그들을 '유대인'이라고 불렀다. 아마도 유대주의화된 에돔(이두매아) 족속 출신의 헤롯 가문의 나라에서 온 자들이라는 점에서 '유대인'이라는 말이 익숙했을 것이고, 시도 때도 없이 로마에 대한 항거를 거듭했던 시끄러운 족속 또한 유대인이었기에 팔레스티나계 이주민 집단을 '유대인'으로 통칭해서 이해했을 것이다. 팔레스티나계 이주민 집단을 '이스라엘계 디아스포라'라고 부르는 것은 엄밀히 보면 적절치 않고, '유대인'이라고 부르는 것은 더욱 부적절하지만, 당시 제국은 그들을 '유대인'이라고 불렀다. 하지만 나는 그들이 야훼 신앙 공동체로 결속되어 있었다는 점에서 '이스라엘계 디아스포라'라고 부르고자 한다.

팔레스티나에선 유대주의자들과 사마리아주의자들의 대립과 반목이 꽤나 심각했고, 에돔, 블레셋, 모압, 암몬 족속들도 어느 정도 서로 나뉘어 갈등하고 있었지만, 지중해 지역의 팔레스티나계 이민자들은 야훼 신앙 공동체의 일원으로서 대체로 무난하게 서로 뒤섞여 살고 있었다. 하지만 이러한 결속에도 불구하고 소수 종파들의 갈등과 분열은 끊임없었는데, 특히 '유대주의자들'은 많은 곳에서 갈등의 핵이었다. 여기서 주의할 것은 유대 출신 이민자들과 '유대주의자들'을 동일시하면 안 된다는 것이다. 바울의 어법에서 '유대주의자들' 혹은 '바리새파'는 이스라엘계 종교적 분파 운동 가운데 '순혈주의적 분리주의' 성향이 강한 부류를 가리킨다. 바울에 의하면 그들은 날·달·해의 절기를 준수하는 것이 율법에 순종하는 것이라 해석했고, 그런 율법에 충실한 자들은 반드시 '할례'를 받아야 한다고 주장했다.

그런데 전에는 여러분이 하느님을 알지 못해서, 본디 하느님이 아닌 것들에게 종노릇을 하였지만, 지금은, 여러분이 하느님을 알 뿐만 아니라, 하느님께서 여러분을 알아주셨습니다. 그런데 어찌하여 그 무력하고 천하고 유치한 교훈으로 되돌아가서, 또다시 그것들에게 종노릇하려고 합니까? 여러분이 날과 달과 계절과 해를 지키고 있으니, 내가 여러분을 위하여 수고한 것이 헛될까 염려됩니다.

—〈갈라디아서〉 4장 8~11절

내가 할례를 받는 모든 사람에게 다시 증언합니다. 그런 사람은 율법 전체를 이행해야 할 의무를 지닙니다.

—〈갈라디아서〉 5장 3절

절기를 준수하고 할례를 받아야 한다는 종교 운동은 빈곤계층의 노동자들이나 노예를 배제하고, 여성 또한 공동체의 부적절한 일원으로 간주하는 것이었다. 반면, 바울은 이스라엘계 공동체 내의 하층민이나 개종한 하층민 혹은 방출당한 노예도 적극 수용하였고 여성도 적극적인 주역으로 참여하는 공동체를 만들었다. 바울은 이들 개종자, 노예, 여성이 함께 나누는 식탁예배 공동체를 '에클레시아ἐκκλησία', 즉 교회라고 불렀다. 이스라엘계 이민자 사회에서 바울의 에클레시아는 유대인과 이방인, 남자와 여자, 자유인과 노예가 함께 식사하고 예배를 나누는 공동체를 뜻했다.

> 여러분은 모두 그 믿음으로 말미암아 그리스도 예수 안에서 하느님의 자녀들입니다. 여러분은 모두 세례를 받아 그리스도와 하나가 되고, 그리스도를 옷으로 입은 사람들이기 때문입니다. <u>유대 사람도 그리스 사람도 없으며, 종도 자유인도 없으며, 남자와 여자가 없습니다.</u> 여러분 모두가 그리스도 예수 안에서 하나이기 때문입니다.
>
> —〈갈라디아서〉 3장 26~28절

이런 바울의 포용주의 운동은 순혈주의적 유대주의자들과 대립하지 않을 수 없었다. 그 때문에 유대주의자들의 분리주의 운동은 바울계 에클레시아를 표적 삼아 공격했다.

로마의 '그리스도인들'과 저항 운동

그렇다면 로마의 그리스도파 공동체는 어떤 이들이었을까. 우선 이 공동체는 바울의 영향을 받아 만들어진 것이 아니었다. 수에토니우스에 의하면 그들은 클라우디우스 황제 시절 로마에서 소요를 주도했고, 그 결과 뜻하지 않게 이스라엘계 이민자 사회 전체가 당국의 탄압을 받아야 했다. 〈로마서〉에 의하면 클라우디우스 황제가 죽은 뒤 그들은 다시 소요를 기획한 듯하다. 납세를 거부하는 방법으로 황제에 대한 불복종 운동을 도모했던 것이다(13:1-10). 이는 로마의 그리스도파 공동체에 관한 몇 가지 추정을 가능하게 한다.

첫 번째로, 로마의 그리스도파 공동체는 로마 제국에 정치적 저항을 도모했던 이들이다. 그들이 그리스도파인 이유는 팔레스티나에서 로마에 의해 국사범으로 처형당한 예수를 그리스도의 구체적 표상으로 해석한 결과다.[5] 즉, 그들은 예수를 로마에 대한 정치적 저항의 상징으로 보았다. 그런데 어느 날, 그들을 탄압하던 클라우디우스 황제가 죽었다. 더구나 자연사가 아니라는 소문, 황후 소小아그리피나가 독살했다는 소문이 파다했다. 황제의 불명예스러운 사망 소식은 로마의 그리스도파에 속한 급진적 인사들의 눈에는 신의 징벌로 해석될 만했다. 이들에게는 클라우디우스 황제의 죽음이 곧 하느님의 심판이 시작된다는 신의 계시로 해석되었을 것이다.

두 번째로, 납세 거부 운동을 벌였다는 것은 그들이 납세의 주체였다는 것을 뜻한다. 로마는 로마에 거류하는 서민계층의 시민에게 무상으로 식량을 공급하였는데, 이는 막대한 재원을 필요로 하는 것이었다. 로마의 가장 중요한 수입원은 제국의 속주(식민지)에서 공납 형식으로 유입되는 곡물이었고, 이에 못지않게 중요한 또 다른 수입원이 조세였다. 제국 곳곳에 엄청난 땅을 소유하고 있는 귀족은 말할 것도 없고, 기사계급 같은 중상위계층도 납세 의무가 있었다. 그 외에 로마에 거류하는 이민자 자치 집단인 '콜레기아collegia'도 당국에 세금을 내야 했다. 바울이 지목한 납세 거부 운동은 아마도 이 콜레기아 안에서 벌어진 납세 거부 운동을 의미할 것이다.

한데 이스라엘계 이민자 자치 집단인 콜레기아가 당국에 내는 세금은 애초에 어디서 충당되었을까? 아마도 공동체 내부에 있는 일부 중상위계층의 기부금을 통해 충당되었을 가능성이 높다. 그렇다면 이런 기부금의 주역들 중 다수가 로마의 그리스도파이기도 했을 가능성이 크다고 할 수 있다. 즉, 이 도시의 이스라엘계 콜레기아에서 엘리트계층에 속하는 사람들이 로마 그리스도파의 주축을 이루고 있었다는 것이다.

바울은 〈로마서〉를 통해 납세 거부 운동을 진정시키고자 한다. 그것은 필경 당시 로마의 정세에 대한 그의 해석과 관련이 있을 것이다. 납세 거부 운동이 일어난 때는 네로가 황제로 즉위한 초기다. 그는 선왕이자 부친인 클라우디우스 황제와는 달리 친親서민 정책을 폈다. 한 세대 뒤의 도미티아누스 황제 시대에, 독설로 유명했던 풍자시인 유베날리스가 도미티아누스 황제 시대를 네로 시대에 빗대어 "대중은 빵과 서커스, 두 가지만을 열망한다"고 비아냥댔던 것에서도 알 수 있듯, 네로는 대중을 적극적으로 만나며 지지를 호소하는 대중주의적 정치를 폈다. 심지어 그는 로마 엘리트들이 그렇게도 경멸했던 직업인 배우가 되어 친히 무대에 서기도 했고, 직접 작곡도 했다. 당대 명문가의 대표적 인물로 철학자이자 법률가이며 행정가였던 소小플리니우스는 네로를 가리켜 '딴따라 황제actor emperor'라고 조롱하기도 했다.

새 황제의 서민 친화적 정책은 원로원 귀족과의 갈등을 고조시켰다. 네로 황제 치하에서 속주(식민지) 지방 출신으로 원로원 의원에 위촉된 이는 무려 42명이나 되었다. 선대 황제 때 속주 출신 원로원 의원이 15명이었던 것에 비하면, 무려 세 배에 가까운 과감한 인적 교체 작업이라고 할 수 있다. 이처럼 네로의 집권 초기는 친親서민, 반反원로원 정책이 강도 높게 추진되던 시기였다. 그는 로마의 서민들에게 무상으로 배급하는 식량의 양을 대폭 증대했다. 무상 배급을 위해 북아프리카에서 막대한 곡식을 징발했고, 보다 원활하게 공급하기 위해 물류 체계의 효율화도 꾀했다. 또한 원로원 귀족을 포함한 기존 납세자들에게는 더 많은 세금을 부과했다. 이러한 귀족증세 정책은 말할 것도 없이 저항을 유발했을 것이다. 하지만 황제는 그러한 저항에도 아랑곳없이 친서민 반원로원 정책을 추진해나갔다.[6]

바울은 아마도 이러한 소식을 브리스카·아굴라 부부에게 전해 들었을 것이다. 네로의 정책은 필경 바울 같은 민중주의자에게 정권에 대한 지지를 표명하게 했을 것이다. 바울은 분명 전략적 지지 노선을 취한 듯하다. 반면, 로마시의 그리스도파는 네로 황제가 아무리 친서민 정책을 편다고 해도 그들이 심판받아야 할 제국의 권력이라는 사실은 변함없다고 주장했을 것이다.

로마서 13장 1절 "사람은 누구나 위에 있는 권세에 복종해야 합니다"라는 바울의 권고는 로마의 그리스도파 인사들을 향한 문제 제기였다. 바울은 그리스도파 공동체의 납세 거부 운동이 결과적으로 황제에게 대항하는 원로원 귀족들을 편드는 것에 다름 아니라고 해석했을 것이다. 한편 무상 배급을 확대하려 했던 네로 정권은 재원 확보에 대단히 민감한 상황이었다. 그러니 이민자 자치 집단이 납세 거부 운동을 벌이는 것 또한 매우 예민하게 받아들일 가능성이 높았다. 그러한 저항이 로마 내 다른 집단에게도 영향을 미칠 수 있기 때문이다. 따라서 네로 당국이 납세 거부 운동을 하는 그리스도파를 탄압하고자 나설 것은 명백해 보였다. 나아가 이 탄압은 그리스도파 탄압에 그치지 않고 이스라엘계 이민자 사회 전체에 대한 탄압으로 확대될 가능성이 농후했다. 이스라엘계 이민자 사회에는 가난한 대중이 많았다. 요컨대 일부 급진적 엘리트들의 과격한 저항으로 인한 정권의 탄압이 이스라엘계 이민자 사회의 서민층 대중에게 재앙이 될 것이 예상되는 상황이었다. 이런 저간의 사정을 전해 들은 바울이 그리스도파 인사들의 납세 거부 운동을 비판하고 있는 것이다.

'부끄러운 정욕'이 가리키는 것

이러한 정치적 지형을 유념하면서 〈로마서〉 1장 18~32절로 돌아가보자. 특히 우리가 주목하고자 하는 두 구절을 다시 한 번 인용해두었다. 다만 본문 해석을 보다 용이하게 하기 위해 표현이 다소 어색하더라도 직역에 가깝게 사역하였다.

…… 그들의 여자들은 순리대로 관계하지 않고 순리에 거스르게 하였고, 그것처럼 그 남자들도 여자와 순리대로 관계하기를 그만두고 다른 남자들과 욕정에 빠지는 부끄러운 짓을 하게 되었습니다.

—〈로마서〉 1장 26~27절. 〔사역〕

여기서 26절의 주어는 '그들의 여자들θηλειαι αυτων' 이고 27절은 '그 남자들οι αρσενες'이다. '그 남자들'이란 앞서 이야기했듯 황제, 황가, 귀족 남자, 그리고 신흥 자산가가 된 기사계급 등을 지칭하는 표현일 것이다. 그렇다면 26절의 '그들의 여자들'이란 이런 남자들의 부인을 뜻하는 것이겠다.

겉으로 보기에 26절은 여성 동성애에 대한 비판 같고, 27절은 남성 동성애에 대한 비판처럼 보인다. 한데 문제는 그렇게 간단하지 않다. 새번역 성서는 26절을 "여자들은 남자와의 바른 관계를 바르지 못한 관계로 바꾸고"라고 번역했는데, 여기서 '남자와의'는 그리스어 원문에는 없는 단어로, 번역 과정에서 임의로 추가된 것이다. 즉 새번역 성서는 이 구절을 여성 동성애에 관한 것이라고 임의로 가정하여 해석하고 있다. 이러한 가정은 이어지는 27절 때문일 것이다. 사역에서 보듯 "그 남자들도 여자와 순리대로 관계하기를 그만두고 다른 남자들과 욕정에 빠지는 부끄러운 짓을 하게 되었습니다"라는 문장 서두에는 '마찬가지로'라는 뜻의 부사 '호모이오스ὁμοιως'가 문장을 이끌고 있다. 그러니까 이 부사로 시작하는 27절이 남성 동성애에 대한 비판이라고 해석될 수 있다면, 26절도 여성 동성애에 대한 비판이라고 보고 해석한 것이겠다. 그렇다면 과연 27절이 남성 동성애에 대한 비판일까.

여기서 첫 번째 문제는 주어다. 26절의 '그들의 여자들'과 27절의 '그 남자들'을 새번역 성서처럼 각각 '여자들'과 '남자들'로, 즉 여자와 남자 일반을 가리키는 표현으로 옮기면 이 두 구절을 동성애에 대한 비판으로 해석하기 쉬울 것이다. 한데 앞서 살펴보았듯 27절의 '그 남자들'은 남자 일반이 아니라 특정 부류의 남자들을 가리키는 것이다. 그렇다면 이 구절은 남자들의 동성 간 성행위가 아니라 '그 남자들'의 동성 간 성행위라는 데 방점이 찍힌다. 또한 27절에 의거하여 해석될 수 있는 26절의 '그들의 여자들'도 여성 일반의 성적 행위를 문제시하는 것이 아니라 특정한 여성들의 행위를 비판하는 것으로 해석될 수 있다.

여기서 우리는 또 다른 논점에 주목해야 한다. 27절이 특정 부류 남자들의 '동성애적 성행위'를 문제시하고 있다고 단정하는 것조차 의심스럽기 때문이다. 26절과 27절에 공통으로 등장하는 핵심 단어는 '동성애'가 아니라 '퓌시코스φυσικος'다. 이 단어는 '순리'라는 뜻을 가지고 있다. 즉 바울이 '그 남자들'과 '그들의 여자들'을 비판하는 주된 이유는 그이들이 '순리'를 거슬렀기 때문이다. 이에 대해 오늘날 많은 독자들은 동성애가 순리를 거스른 것이라고 가정하고 있기 때문에 '순리'라는 표현에 특별한 주의를 기울이지 않는 듯하다. 그런데 과연 바울 당대의 많은 사람들이 동성애를 순리에 어긋난 것이라고 보았을까.

플라톤의 사랑학 개론이라고 할 수 있는《향연》에 의하면, 가장 이상적인 사랑은 (이성애가 아니라) '남성 동성 간의 사랑'이다. 좀 더 구체적으로 '소년애', 즉 성인 남자와 소년 간의 사랑이 최고의 사랑이라고 플라톤은 권장했다. 더욱이 그런 주장을 펴는 텍스트가 플라톤의 저작만 있는 것도 아니다. 동시대의 지배문화라고 할 수 있는 헬레니즘권의 수많은 문화적 생산물에서 남성 동성애는 미학적으로 아름다운 것으로 묘사되어 있다. 그런 문화 풍토에서 바울이 과연 남자와 여자의 성적 관계만을 순리라고 말했을 가능성은 얼마나 될까.

26절에서 바울은 '그들의 여자들'이 "순리대로 관계하지 않고 순리에 거스르게" 하였다고 말했고, 27절에선 '그 남자들'이 "순리대로 관계하기를 그만두고 다른 남자들과 욕정에 빠지는 부끄러운 짓을 하게" 되었다고 주장한다. 27절을 보면 명확하게 남성 동성애를 비판하고 있는 것 같다. 그러나 동시대의 대다수 사람들에게 이것이 순리에 어긋난 행위로 보이지는 않았을 것이다. 그렇다면 순리를 따르지 않았다는 바울의 비판을 어떻게 해석하는 것이 타당할까. 우리는 이 구절을 '이성애-순리, 동성애-순리에 어긋남'이라는 전제 없이 다시 읽는 게 가능한지 살펴봐야 한다.

'순리대로'에 숨겨진 정치학

로마는 정치적으로 지중해의 패권국이었다. 헬레니즘 문화의 진원지인 그리스는 이 제국의 식민지였지만 로마 사회에서 헬레니즘은 고급문화를 상징했다. 하여 제국 곳곳에서, 심지어는 로마시에서도 그리스 문화가 귀족과 기사계급 사이에서 적잖이 유행하고 있었다. 그중에는 스포츠도 있었는데, 가령 검투 경기는 귀족뿐만 아니라 로마의 전 대중을 매료시키는 거국적인 이벤트였다.[7] 그렇지만 검투사들은 대부분 노예나 하층민이었고, 황제나 귀족은 검투 경기의 기획자는 될지언정 직접 참여하지는 않았다. 반면 레슬링은 검투 경기만큼 폭발적인 인기를 누리지는 못했지만 귀족과 기사계급이 직접 참여하는 스포츠로 폭넓게 활성화되고 있었다.[8] 이 계급의 청소년들은 김나지움Gymnasium에서 체육활동의 일환으로 레슬링을 수련했다.

아니, 실은 그것만이 아니었다. 레슬링은 로마뿐 아니라 헬레니즘 풍조가 만연한 지중해의 여러 도시들에서, 심지어 예루살렘에서도 헬레니즘 문화에 동화된 중상위층 젊은이들 사이에서 신문화 현상으로 널리 확산되고 있었다. 이런 확산의 원인에 대해서는 여러 주장들이 있지만 그중 간과할 수 없는 한 가지는 레슬링이 당대의 독특한 에로티시즘과 관련되어 있다는 것이다. 바로 '소년애' 현상이다. 육체의 아름다움이 절정에 이른 청소년기의 남자들이 벌거벗고 뒤엉켜 레슬링을 하는 모습을 에로틱한 시선으로 탐닉하는 나이 든 남성 권력자들이 있었다. 청소년들은 이들의 시선을 의식하며 몸을 관리했고, 그것을 뽐내는 스포츠가 바로 레슬링이었던 것이다. 로마에서 체육관을 뜻하는 '김나지움'은 그리스어 '귐나시온γυμνασιον'에서 유래했고, 이 말이 '벌거벗은'이라는 뜻의 '귐노스γυμνος'라는 말에서 유래했다는 것을 보아도 당대에 남자의 육체에 대한 탐닉의 문화가 청소년 훈육이라는 명분으로 정당화되고 있었다는 것을 알 수 있다. 그렇게 레슬링은 유서 깊은 스포츠인 동시에 소년애적 욕구가 분출되는 장으로 활용된 것이다.

여기에 그리스에서 유래한 '소년애'가 그런 풍조를 정당화하고 있었다. 남성의 육체는 여성의 육체보다 안정적이고 완전하다는 이데올로기를 바탕으로 남성 간의 성관계는 남녀 간의 성관계보다 아름답고 우월한 것으로 해석되었다. 그중에서도 청소년과 성인 남자의 관계는 가장 완벽한 조합으로 여겨졌다. 청소년은 육체적으로 꽃을 피우지만 정신적으로 미성숙하고, 성인 남자는 정신적으로 원숙하지만 육체는 시들어간다. 이 둘이 만나 성관계를 함으로써 성인은 육체의 기력이 소생하고 청소년은 정신의 성숙을 이룩한다는 것, 그것이 소

기원전 5세기경 작품으로 추정되는 고대 그리스의 레슬링 부조물.

년애 이데올로기의 요체였다.

　　그리고 이 이데올로기가 로마에도 전해진 것이다. 김나지움에서 교양과 체육을 수련하는 청소년들은, 당시로선 가장 모던한 문화의 주역으로 성장하도록 훈육되었다. 그 과정에서 많은 남성 청소년들은 소년애 이데올로기에 동화되고 있었고, 그럼으로써 세련된 문화의 주체가 될 수 있었다. 그런 이들에게 레슬링이란 강인한 남성의 신체를 형성하는 전사戰士로서의 자기관리 기술인 동시에 원숙한 남자의 눈에 들 만한 아름다운 신체를 형성하는 '꽃미남'으로서의 자기관리 기술이기도 했다. 하여 이 두 가지 자기관리의 기술은 레슬링하는 청소년을 동기화empowerment하는 두 가지 다른 양식이었다. 전자가 전통주의적 동기화의 기제였다면 후자는 좀 더 모던적인 동기화 기제였던 것이다.

　　로마의 최상위 엘리트들은 입장이 갈렸다. 전통주

의 성향의 성인 남자들은 위대한 로마의 전사로 성장해야 할 청소년들이 몸매 가꾸기에만 열을 올리는 현상을 개탄해 마지않았다. 반면 새로운 욕망에 몸을 내맡긴 채 향락의 문화를 한껏 향유하는 이들은 로마의 위대함이 어찌 전쟁에 국한되어야 하는가를 소리 높여 외쳤다. 더욱이 위대한 아우구스투스인 옥타비아누스가 '팍스로마나'를 선언하면서 전쟁 종식을 제도화하지 않았던가. 이런 담론 지형에서 소년애는 헬레니즘에 대한 찬반 논쟁의 한 소재였다. 전통주의자들은 찝쩍거리는 이웃 남자들로부터 아들을 보호하려는 아비들의 민원을 소년애 풍조의 반대 논거로 활용했고, 이는 실제 남성 간 성추행이나 성폭력을 처벌하는 조항을 담은 스칸티니우스법이라는 법제화로 이어지기도 했다. 비록 실효성을 가지지는 못했지만 말이다.

그러나 실효성을 가지지 못한 법이라도 때로 정치적 사안들과 결합될 때에는 효력을 나타내기 마련이다. 네로 시대는 아마도 그러한 법이 적잖은 효력을 발휘한 시대였을 것으로 보인다. 앞에서 언급했듯이 네로는 원로원 귀족들과 불편한 관계에 있었다. 선왕이자 그의 부친인 클라우디우스가 암살당했고, 그 암살자가 자신의 모친인 황후 소小아그리피나라는 소문이 파다했으니 네로의 권력은 처음부터 불안정할 수밖에 없었다. 그러니 네로는 우호적이지 않은 귀족들을 견제해야 했

헨릭 세미라드즈키가 그린 〈네로의 인간 횃불〉(1876). 네로는 원로원 귀족과
대립하면서 명분이 있을 때마다 귀족들을 처벌했다.

다. 그것이 네로가 서민 친화적 정책을 펴는 주된 이유
가 되었을 것이다. 또한 네로는 연기, 노래, 작곡, 작사,
연출 등에 능한 멀티엔터테이너의 자질을 갖고 있었
다. 해서 그는 포퓰리즘에 적합한 통치자이기도 했다.

　　네로는 원로원 귀족과 대립하면서, 명분이 있을
때마다 대중의 여론을 등에 업고 귀족들을 처벌하곤 했
다. 귀족들 사이에서도 의견이 갈리는 소년애 문제는
네로에게 특정 귀족을 처벌할 수 있는 좋은 명분이 되
었을 것이다. 소년애에 탐닉하는 귀족들 중에는 방만한
성생활로 대중에게 지탄받는 이들도 적지 않았을 테니
말이다. 앞서 말했듯이 네로는 원로원 의원을 가장 많
이 갈아 치운 통치자다. 귀족들은 책잡히지 않으려 몸

을 잔뜩 사렸을 것이다. 이는 처벌의 명분이 되는 소년애 욕구를 절제하는 것으로도 나타났겠다.

그러나 한편으로는 법에 걸리지 않는, 귀족들의 신상에 안전하다고 판단되었을 성매매가 대안으로 부상하였을 법하다. 고대로마 사회는 성매매가 거의 산업이었다고 해도 무방할 만큼 활기를 띠고 있었고, 법적으로도 거의 제재를 받지 않았다. 칼리굴라 황제(37~41년 재위) 때 '매춘세'가 제정되기까지 했을 정도였다. 이 특별한 조세는 이후 수백 년 동안 유지되었을 만큼 국가가 주요하게 여긴 수입원이기도 했다.

성매매 종사자의 대부분은 여성이고 노예였지만, 빈민계층의 자유민 남성들도 적지 않았다. 그렇다면 당시 포주 역할을 했던 레노/레나⁹들이 남성 청소년들을 황족과 귀족, 기사계급의 인사들에게 성매매로 연결했을 가능성을 배제할 수 없다. 또 다른 가능성도 상상할 수 있다. 소년애는 연애이지 성매매가 아니었다는 점과 로마 사회에서 성매매가 허용되기는 했지만 실제 종사자들에 대한 사람들의 경멸은 심각할 정도였다는 점을 감안했을 때, '변형된 소년애'의 소비자들이 직업적 성노동자가 아닌 일반 청소년을 원했으리라는 것도 충분히 짐작할 만하다. 이러한 짐작의 이유는 만약 법적 문제가 될 경우 성을 구매한 이들이 자신들은 매춘이 아니라 소년애를 했다고 주장할 수 있기 때문이다. 요컨대 빈민계층 혹은 이민자 집단의 남성 청소년들을 납치하거나 협박해 황족과 귀족, 기사계급 등 상류층 인사들에게 알선하는 레노/레나가 존재했을 것이라는 추정이다.

당시 로마에 이주해온 수많은 종족들은 보통 종족별로 모여 도시 외곽 지역에 살고 있었다. 이스라엘계 이민자들은 주로 로마 서부 가장자리의 '테베레강 건너편'이라는 뜻의 이름을 가진 트라스테베레Trastevere 지역에 모여 살았다. 다른 이민자들처럼 이스라엘계 이민자들도 대다수는 빈곤계층이었을 것이고 일부 서민층, 그리고 소수의 중·상류층 사람들도 있었겠다. 아무튼 이스라엘계 이민자 지역의 빈민과 서민층 청소년들도 이런 위험에서 제외될 수 없었을 것이다.

바울은 바로 이러한 폭력적 성관계 양상을 브리스카·아굴라 부부에게서 들었던 것 같다. 로마의 이스라엘계 이민자들에게 보낸 편지의 첫 부분도 수신자들 모두가 공분하고 있는 그런 현상을 비판하는 것으로 시작된다. 하지만 이 설명만으로 '순리대로'라는 표현이 충분히 해명되지는 않는다. 당시 황족, 귀족, 기사계급의 인사들의 성매매는 심각한 사태이긴 했지만 이를 '순리에 어긋난 것'으로 생각할 사람들은 많지 않았다. 앞서 말했듯이 성매매는 법적으로 제재를 받지 않았고 심지어 법의 최종 심판자인 네로 황제 자신도 공공연히 성매매를 했다. 그 상대로 청소년이 포함되었을 가능성도 배제할 수 없다. 또한 납치 같은 강제적 방법을 통해 빈민과 서민 청소년들을 성매매에 끌어들이는 경우에도 당대의 법은 중한 범죄로 처벌하지 않았다. 따라서 바울이 성매매 자체를 순리를 거스르는 행위라며 단죄할 만하지는 않다. 그렇다면 '순리에 어긋난 것'이라는 바울의 비판은 무엇을 가리키는 것일까.

바울의 시선이 위치한 곳

말했듯이 당대에 '동성애'는 순리에 어긋난 행위가 아니었다. 또 시민계층이 아닌 자들, 즉 노예나 빈민, 서민 출신의 성판매 남성 또는 여성과의 성행위도 그것이 권장되는 일은 아니었지만 순리를 거슬렀다며 비판받을 일까지는 아니었다는 것도 이미 살펴보았다. 그 대상이 청소년이라고 해도 말이다. 그리고 한 가지 더, 앞서 살펴본 당대 로마 사회의 모습을 고려한다면 '그들의 여자들'이 "순리대로 관계하지" 않는 것을 동성애라고 해석하기는 더더욱 어렵다.

여기서 잠시, 그렇다면 바울은 왜 여자들의 행태를 먼저 비판하고 있을까? 남자들을 비판하는 27절은 "마찬가지로"라는 부사에 이끌리는 문장으로 되어 있다. 이는 마치 여자들의 행태가 선행적 문제라는 뉘앙스를 준다. 의도한 것인지 모르지만, 순리에 어긋난 그자들의 행태가 성적 행위와 관련되어 있다면 의당 남자들에 대해 먼저 비판하는 것이 마땅할 일이다. 그럼에도 여자들을 먼저 호명하고, 마치 부차적인 것처럼 남자들을 말하는 것은 이 문제가 철저히 남자의 시각에서 거론되고 있음을 시사한다.

아무튼 바울이 말하는 '순리에 어긋난 것'에 대해 우리가 상상할 수 있는 남은 가능성은 이제 하나밖에 없다. 바로 혼외 성관계, 이것이 순리에 어긋난 행위라는 것이다. 마지막 공화주의자의 한 사람인 키케로는 성매매가 가족을 지키는 데 유용하다고 주장한 바 있다. 권력층 간의 혼외 성관계는 바람직하지 않으니 성적 욕구는 성매매를 통해서만 표출하라는 주장이었다. 한데 이때의 성매매는 직업적 성노동자뿐만 아니라 노예나 빈민, 서민층과의 성관계까지 넓은 의미로 전제되었다. 그 이유는 성노동자가 아닌 노예나 빈민, 서민층의 남녀를 황족이나 귀족, 기사계급에게 알선하는 포주인 레노/레나가 있었고, 권력층은 그들에게 알선의 대가로 돈을 지급했기 때문이다. 이는 사실상 성매수 행위와 같다. 이것이 키케로의 관점이다. 한편, 네로의 스승인 세네카 같은 엄숙주의적 스토아 철학자들은 성적 충동 자체를 비판적으로 보았다. 성관계는 부부 사이에만 허용될 수 있으며 이때에도 쾌락이 아니라 출산을 위한 것이어야 한다. 따라서 성매매는 허용되지 않는 다. 키케로와 세네카는 성매매에 대해서는 상반된 입장이지만 결과적으로 혼외 성관계를 반대한다는 점에서는 의견이 일치했다.

한데 앞에서 본 것처럼 레노/레나가 데려오는 이들은 자발적으로 성매매를 하려는 이가 아닌 경우가 많았다. 하여 이런 이들의 입장에서 본다면 권력자들과의 성관계는 성매매가 아니라 '성폭행'이었다. 이 대목에서 바울이 사용하고 있는 '크레시스χρησις'라는 단어에 주목할 필요가 있다. 나는 이 단어를 '(성)관계'라고 번역했다. 하여 〈로마서〉 1장 26절과 27절에서 바울은 주어인 '그들의 여자들'과 '그 남자들'이 각기 '순리대로 (성)관계'하지 않았다고 비판을 퍼붓고 있다고 해석했다. 한데 '크레시스χρησις'는 제2성서 중 오직 여기에서만 사용되기 때문에 그 의미를 섬세하게 해석해내기가 쉽지 않다.[10] 하지만 문맥상 '성관계'를 가리키고 있다는 점은 의심의 여지가 없다. 좀 더 구체적인 뉘앙스는 제2성서에서 열두 번이나 사용되고 있는 이 단어의 동사형인 '크라오마이χραομαι'의 용례를 통해 추측할 수 있다. 아래 인용한 구절들에서 보듯 이 동사는 능동적 행위자인 주어가 수동적인 도구로 목적어를 활용하는 느낌을 준다.

선원들은 거룻배를 갑판 위에다가 끌어올리고 밧줄을 이용하여 선체를 동여매었다.

—〈사도행전〉 27장 17절

이제부터는 물만 마시지 말고, 위장과 잦은 병을 생각해서 포도주를 조금씩 쓰십시오.

—〈디모데전서〉 5장 23절

이런 뉘앙스가 〈로마서〉 1장 26~27절에서 '(성)관계'로 번역되는 '크레시스'에도 들어 있다면, 이때의 성관계는 주어가 성관계의 상대를 마음대로 '사용'한다는 의미가 읽힌다. 다른 예를 들자면 〈루가복음〉 1장 34절에서 마리아가 천사에게 '나는 남자를 알지 못합니다'라고 할 때 '알다'로 번역된 그리스어 '기노스코γινωσκω'도 성관계를 뜻한다는 점에선 '크라오마이'와 다르지 않지만, 성관계를 통해 서로의 관계가 더 밀접해진다는 의미를 가지고 있다는 점에서 '크라오마이'와는 확연히 다르다. 그런 점에서 27절의 '순리대로 (성)관계하기를 την φυσικην χρησιν'이라는 어구 속에는 '크레시스'의 동사형 '크라오마이'의 용례로 볼 때 그 관계가 일방적이고 폭력적이라는 의미가 담겨 있다.

이런 의미는 두 구절의 주어를 고려하면 더욱 분명해진다. 앞에서 얘기한 것처럼 26절의 주어인 '그들의 여자들'과 27절의 주어인 '그 남자들'은 황제나 황가 사람들, 그리고 귀족과 기사계급의 사람들, 즉 로마의 남녀 권력자들을 가리킨다. 그렇다면 바울이 이들 권력자들의 성관계가 순리를 거스르고 있다고 비판할 때 그 비판의 핵심은 동성애가 아니라 그들이 성관계하는 상대와 대등한 관계가 아니라는 데 있다. 즉, 바울이 권력자들을 비판하는 이유는 그들이 동성 간 성관계를 하기 때문이 아니라 레노/레나에 의해 끌려온 노예나 빈민, 서민층의 남자나 여자들을 성적으로 농락하고 있기 때문이다.

요컨대 바울도 키케로나 세네카처럼 혼외 성관계를 순리에 거스른 것이라고 비판하고 있다는 점에서는 의견이 일치하지만, 그 시선은 완전히 상반된다. 두 철학자는 권력자의 시선에서 가족의 중요성을 강조하기 위해 혼외 성관계를 반대하는 것이지만, 바울은 성폭행 피해자의 시선에서 이를 비판하고 있는 것이다.

권력형 성폭력에 주목하며 다시 출발하기

바울은 〈로마서〉의 수신자들에게 로마 지배층의 성폭행 문화를 비판하고 있다. 바울 자신도 그랬겠지만 이스라엘계 이민자 사회에서는 누구나 이 문제에 분노하고 있었을 것이다. 하지만 이스라엘계 이민자 집단의 상층부로 가면, 그들 중에는 헤롯 가문의 자손, 예루살렘과 사마리아의 귀족들이나 대사제 집안의 인사들도 있었을 것이고, 이들은 이스라엘 이민자들의 피해 못지않게 로마 상류층의 일상문화에도 공감했을 것이다.

한편 그리스도파는 〈로마서〉 13장에서 시사되듯 로마의 이스라엘계 이민자 사회의 상류층과 교류가 많은 사람들이었다. 물론 그리스도파는 정치적으로 급진적 반로마파였지만, 문화적으로는 상류층에 속했다. 해서 그들의 저항은 납세 거부 운동으로 표현되었다. 로마의 빈민, 서민층과 노예들은 납세의 주체가 아니었으니 세금은 부유층과 귀족층의 의무였다. 그리고 이스라엘계 이민자 사회 자치 단체인 '콜레기아'도 납세의 의무가 있었다. 이 단체의 세금 재원은 이스라엘계 상류층 인사들의 기부금으로 충당되었으니 결국 이들은 또 다른 납세의 주체였다. 결국 그리스도파가 납세 거부 운동을 기도했다는 것은 그들이 이스라엘계 상류층에 속하는 급진파였다는 것을 의미한다.

바울은 이스라엘계 이민자 집단의 상류층 인사들 가운데서 형성된 로마의 그리스도파에게 쓴 편지 속에서 로마 제국을 비판하는 논리를 펴고 있다. 이 점에서 바울은 로마의 그리스도파와 생각이 같다. 하지만 바울은 그들과 다른 관점에서 반로마를 주장하고 있다. 로마의 그리스도파 인사들은 전형적인 상류층의 논리인 조세 문제를 들고 나왔지만, 바울은 모든 이스라엘 이민자들이 겪고 있는 고통의 문제, 특히 성폭행 피해 문제를 강조한다. 그렇지만 바울은 그것을 직접적으로 말하기보다 상층의 엘리트에게 더 설득력 있는 표현인 '순리대로'라는 말로 전하고 있다. 즉, 순리를 거스르는 혼외 성관계가 가족을 해체하고 있다는 비판이 표면상 로마서 1장 26~27절 속에 담겨 있다.

이렇게 바울은 독자들이 두루 공감하는 혼외 성관계 문제를 비판하는 데 '순리대로'라는 표현을 썼지만 그 속에 담긴 의미는 거기서 그치지 않는다. 그는 '순리에 거스른 것'이라고 쓰고 '성폭행'이라고 말하고 있는 것이다. 그러니 이 텍스트는 결코 동성애 반대를 말하는 것이 아니다. 이 텍스트가 말하고 있는 진정한 의미는 권력형 성폭력에 대한 비판이다.

1 　해서 이 책에서는 90년 이후의 그리스도 운동을 '그리스도교'로, 그 이전에는 이스라엘 종교의 한 분파 운동이었다는 점에서 '그리스도파'로 구분해 썼다.

2 　〈여호수아〉 15장 11절에 나오는 히브리어 지명인 '얍느엘*Jabneel*'이 헬레니즘 시대에 그리스어로 음역되어 '얌니아*Ιαμνια*'로 불리게 되었다.

3 　얌니아에서 만든 공통기도문의 18개 항목 중 열두 번째 기도문은 '비르캇 하미님*birkat haminim*', 즉 '이단에 대한 저주의 기도'이다. 이 기도문은 "나사렛당파와 이단자들을 절멸시켜주소서"라는 문구로 되어 있다.

4 　이 무렵 수에토니우스의 《황제전》을 포함한 여러 문서들에서 'Christus(그리스도)'나 'Chritianus(그리스도인)'가 'Chrestus(크레스투스)', 'Chretianus(크레스티아누스)'로 표기되곤 했다.

5 　'그리스도'는 구원자를 뜻하는 히브리어 '메시아'를 그리스어로 옮긴 말이다. 언어는 그 언어가 사용되는 문화의 특징을 담고 있으므로, 한 단어를 다른 문화권의 단어로 옮기는 과정은 불가피하게 의미의 변용을 일으킨다. 그럼에도 번역은 의미상의 연속성을 내포하게 되는데, '메시아'나 '그리스도'는 모두 의미 면에서 신이 다스릴 세계를 대신 통치하도록 위임받은 정치적 주체를 지칭한다. 하여 예수를 그리스도라고 고백한다는 것은, 그 고백의 공동체가 신으로부터 새 세계의 통치자로 위임된(될) 이가 예수라는 생각을 공유하는 집단이라는 것을 뜻한다.

6 　네로에 대한 이러한 수정주의적 관점은, 그러한 학계의 논의를 소개하고 재해석한 안희돈의 《네로황제연구》(다락방, 2004)에 의존한 것이다.

7 　검투 경기는 기원전 2세기 초 이후 로마의 가장 유명한 대중스포츠로 급부상했다. 검투사를 양성하고 검투 경기를 주관하는 일은 막대한 경제적 이익을 얻을 뿐 아니라 정치적으로도 크게 위상을 높이는 계기가 되었다. 로마 시대에는 황제가 직접 검투사학교를 운영하고 대규모 경기를 주관했다. 콜로세움이라는 대규모 원형 경기장도 황제의 주도로 곳곳에 세워졌다. 대중의 주목과 동조를 이끌어내는 데 그만한 수단이 없었던 것이다.

아우구스투스는 초대형 검투 경기를 주관했던 것으로 유명한데, 경기에 동원된 검투사의 수가 1만 명에 이르렀을 정도였다.

8 그리스에서 레슬링을 포함한 올림피아의 종목들은 전 시민계층이 참여하는 스포츠였다. 그것은 외부 족속들과 그리스도인들을 가르는 일종의 민족 스포츠로 자리 잡았던 것이다. 반면 로마에서는 올림피아의 종목들 중 레슬링과 권투 같은 격투기들이 주로 귀족과 신흥 자산가 사이에서 학생 스포츠로 자리 잡았다. 그 이유는 공화정 말기 이후 시민계층의 양극화가 심화되면서, 귀족과 신흥 자산가계층 외에는 김나지움(체육관)에 다닐 여건이 안 되었기 때문이다. 대다수의 가난한 시민들은 서민 스포츠인 검투 경기의 관람자일 뿐이었다.

9 유곽의 소유자로 포주 역할을 하는 남성과 여성을 각각 '레노leno', '레나lena'라고 불렀다.

10 70인역성서LXX에는 '사용use'의 뜻으로 총 5회 나온다. 〈열왕기상〉 1:28, 〈토비트서〉 1:13, 〈지혜서〉 15:7, 15 〈집회서〉 18:8.

3부

"남자가 남자와 동침하면 사형에 처하라."

— '여자와 여자'의 동침을 언급하지 않은 이유

남자가 같은 남자와 동침하여 여자에게 하듯 그 남자에게 하면, 그 두 사람은 망측한 짓을 한 것이므로 반드시 사형에 처해야 한다. 그들은 자기 죗값으로 죽는 것이다.

—〈레위기〉 20장 13절

마지막으로 함께 살펴볼 텍스트는 동성애 반대론을 펴는 것처럼 보이는 몇 안 되는 성서 구절 가운데 가장 폭력적인 언사를 담은 〈레위기〉 20장 13절이다. 결론부터 말하면 이 구절을 담고 있는 텍스트는 동성애 문제에 아무런 관심이 없다. 동성 간의 사랑은 당시 지중해 지역과 메소포타미아 지역에서 흔히 있는 일이었고 심지어 남성 동성애는 권장되는, 이상적인 사랑이었다. 어떤 남자가 여자를 사랑하고 있다는 사실에 아무도 화들짝 놀라지 않는 것처럼 남성 동성 간의 사랑에 대해서도 그랬다. 그렇다면 남자와 남자가 동침하는 것을 사형에 해당하는 죄로 규정한 본문은 동성애를 반대하는 텍스트일 가능성보다 다른 데 목적을 둔 텍스트일 가능성이 훨씬 더 높다. 그럼에도 이렇게 표현되었으니 그 의미를 해명할 필요가 있다. 〈레위기〉 20장 13절의 역사적 내막, 그 의미의 가능성을 살펴보자.

극형에 관한 2개의 텍스트, 〈레위기〉와 〈출애굽기〉

〈레위기〉 20장에는 '사형에 해당하는 죄'에 대하여 열여섯 가지를 열거하고 있다. 이것은 사형죄에 관해 이야기하는 또 다른 성서 본문인 〈출애굽기〉 21장 12~17절과 대조된다. 다음의 표는 두 텍스트에서 이야

레위기	
20:2	"너는 이스라엘 자손에게 다음과 같이 일러라"
20:2-3	이스라엘인이든 외국인이든 자식을 몰렉에게 제물로 바치는 자는 그 지방 사람들이 돌로 쳐 죽여야 한다.
20:4-5	자식을 몰렉에게 바친 자와 눈감아준 모든 자, 내(하느님)가 직접 모든 자들을 죽이겠다.
20:6-7	혼백을 불러내는 여자와 마법을 쓰는 사람에게 다니면서 음란한 짓을 하는 자 죽이겠다.
20:9	아버지나 어머니를 저주하는 자, 사형에 처하라.
20:10	남자가 타인의 아내와 간통하면, 둘을 사형에 처하라.
20:11	아버지의 아내와 동침한 자, 둘을 사형에 처하라.
20:12	시아버지가 며느리와 동침하면, 둘을 사형에 처하라.
20:13	남자가 남자와 동침하면, 둘을 사형에 처하라.
20:14	남자가 아내의 어머니를 취하면, 남자와 아내, 아내의 어머니 모두를 사형에 처하라.
20:15	남자가 짐승과 교접하면, 남자와 짐승을 사형에 처하라.
20:16	여자가 짐승과 교접하면, 여자와 짐승을 사형에 처하라.
20:17	남자가 아버지의 딸이든 어머니의 딸이든 누이와 동침하면, 남자와 누이를 사형에 처하라.
20:18	남자가 월경하는 여자를 범하면, 둘을 사형에 처하라.
20:19	남자가 이모나 고모와 동침하면, 그들을 사형에 처하라.
20:20	남자가 숙모와 동침하면, 그들을 사형에 처하라.
20:21	남자가 형수나 제수를 취하면, 그들을 사형에 처하라.
20:23-24	"너희는, 내가 너희 앞에서 쫓아낼 민족의 풍속을 따라서는 안 된다. 그들이 바로 그런 풍속을 따라 살았기 때문에 내가 그들을 싫어하였다." "너희가, 그들이 살던 땅을 물려받게 될 것이다. 나는 그 땅을 너희가 가지도록 주겠다. …… 나는 너희를 여러 백성 가운데서 골라낸 주 너희의 하느님이다."

출애굽기	
21:12	사람을 때려서 죽인 자, 사형에 처해야 한다.
21:13	실수로 사람을 죽인 경우, 정하여주는 곳으로 피신할 수 있다.
21:14	홧김에 이웃을 죽인 자, 제단으로 피하여 오더라도 죽여야 한다.
21:15	부모를 때린 자, 사형에 처해야 한다.
21:16	유괴한 자, 팔았든 데리고 있든, 사형에 처해야 한다.
21:17	부모를 저주하는 자, 사형에 처해야 한다.

기하는 사형죄 항목들을 요약해 정리한 것이다.

표에서 보듯 〈출애굽기〉는 6개 항목 중 5개를 사형죄로 처리한다. 법적 논란이 일어나지 않도록 그 내용이 명료하다. 나머지 하나(21:13)는 과실치사 항목으로 극형에서 제외된다는 내용도 담고 있다. 이처럼 극형에 해당하는 범죄를 명료하게 다루고 과실치사까지 항목화하고 있는 것은 이 법조문이 실정법으로 활용되기에 손색이 없었음을 보여준다. 반면 〈레위기〉의 항목은 그 수가 너무 많아 일일이 기억하기도 어렵다. 게다가 그 내용이 대부분 가족 내에서 벌어지는 사사로운 성적 사건들을 다루고 있어서 극형죄에 관한 법전다운 면모가 약하다. 〈레위기〉가 상상하는 법 공동체는 가족 내에서 벌어지는 사사로운 성적 행위들이 공공의 안녕을 해치는 중대한 범죄라고 이해했다.

이처럼 〈출애굽기〉와 〈레위기〉가 대조되는 이유는 무엇일까. 〈레위기〉에서는 왜 사적인 성적 행위들이 공공의 안녕과 관련이 있을까. 〈레위기〉 20장 23절은 이렇게 말한다. "쫓아낼 민족의 풍속을 따라서는 안 된다." 그러한 풍속을 따른 백성들 때문에 하느님이 벌을 내린 것이라는 주장이다. 물론 이 말의 이면에는 나라가 멸망하고 임금을 포함한 지배층들이 유배되기까지 했던 국난의 원인이 이 '죄들' 탓이라는 생각이 담겨 있다. 뒤에서 더 자세히 얘기하겠지만, 여기서 멸망한 나라는 유대왕국이다. 정복국인 바빌로니아는 유대왕국의 유력 인사들을 대거 강제 유배시켰다. 훗날 유배되었던 이들 중 일부가 돌아와 귀환 공동체를 만들고자 했다. 귀환자들은 땅의 소유권을 주장했지만 문제는 그 땅에 '다른 이들'이 살고 있었다는 점이다. 바로 앞에서 언급된 '쫓아낼 민족'이다. 〈레위기〉는 귀환자 공동체의 가정 내에서 자행되는 일련의 성적 행위들이 바로 이 '쫓아낼 민족'의 풍속을 따른 결과라고 주장하고 있는 것이다. 하여 앞으로는 이런 '죄들'을 저지른 자들을 극형에 처함으로써 민족이 정화되면 하느님이 빼앗긴 땅을 되찾게 해준다는 주장(20:24)으로 이어진다.

바로 여기에 이 텍스트가 말하고자 하는 핵심이 담겨 있다. 즉, 특정한 사적인 성적 범죄를 극형에 처하라는 법적 주장은 이 땅에 대한 귀환자 세력의 소유권 주장과 연관이 있다는 것이다. 여기서는 이런 역사적 개요를 좀 더 자세히 이야기할 것이다. 아울러 이런 맥락에서 〈레위기〉가 어떤 주장을 하는 문서인지를 살펴볼 것이다. 그리하여 우리가 묻고자 하는 20장 13절, "남자가 같은 남자와 동침하여, 여자에게 하듯 그 남자에게 하면, 그 두 사람은 망측한 짓을 한 것이므로 반드시 사형에 처해야 한다"는 텍스트를 어떻게 해석하는 것이 역사적 개연성을 지니는지에 대해 이야기해보겠다.

〈레위기〉에 관한 본격적인 논의를 시작하기 전에 먼저 〈출애굽기〉 21장에 대해 이야기해보자.

〈출애굽기〉 21장의 다른 이름, '계약법전'

문맥상으로 보면 〈출애굽기〉는 모세가 이집트에서 탈출해 광야를 유랑하던 시절에 신으로부터 받은 법에 관한 이야기를 담고 있다. 하지만 유랑자 공동체에서 문서의 형식을 갖춘 성문법이 필요했을 리는 없다. 또 '이웃'을 죽인 죄(21:14)나 유괴(21:16) 등은 정착민들 사이에서나 있을 법한 범죄다. 과실치사 범죄자의 경우 '정하여주는' 곳으로 피신할 수 있게 했다(21:13)는 내용도 유랑민의 현실보다는 정착민의 현실을 전제로 한다. 학자들은 이 텍스트(출애굽기 20:22-23:33)가

포함된 법전을 '계약법전Covenant Code'이라고 부른다. 일반적으로 모세오경 중 마지막 책인 〈신명기〉보다 오래된 법전으로 알려져 있다. 하지만 그 형성 시기가 어디까지 거슬러 올라갈 수 있는지에 대해서 추정하기는 쉽지 않다.

하지만 유대왕국에서 〈신명기〉 텍스트의 최초본이 만들어진 요시야 왕 시대(기원전 7세기 초)보다 더 이전에 다른 성문법전이 존재했을 가능성은 희박하다. 왜냐하면 요시야 왕 이전에는 '잘 발달된 문자 체계'가 통치에 활용된 흔적을 발견할 수 없기 때문이다. 요시야 왕의 증조부인 히스기야 왕 시대의 유물로 왕의 인장이 새겨진 도기 파편이 발견되었는데, 아마도 징세용 도기였을 것으로 추정된다. 히스기야 왕 시대에는 문자 활용이 아직 그 정도였다. 즉, 요시야 왕 이전에 문자 활용은 초보적인 수준이었다.

문서화된 법인 성문법은 국가가 충분히 발달하여 중앙집권체제가 구축된 뒤에나 등장한다. 애초의 국가보다 영토가 훨씬 확장되고, 귀속된 여러 부족을 보다 잘 통합하기 위해 법전이 필요해진다. 하지만 필요하다고 해서 바로 성문법이 만들어질 수 있는 것은 아니다. 기록문화가 어느 정도 궤도에 올라야 하고, 서기관을 포함한 관료제도 상당히 체계화되어야 가능하다. 또 그런 제도를 장기간 유지할 수 있을 만큼 탄탄한 왕실

히스기야 왕 시대의 도기 항아리 손잡이에 찍힌 히스기야 왕 인장.
인장의 히브리어 글귀는 '아하스의 아들 히스기야 왕에게 속한 것'으로 해독되며
풍뎅이 문양은 왕을 상징한다.

재정도 뒷받침되어야 한다. 나아가 영토 내의 각 지역까지 영향을 미칠 만큼 통치력을 갖추어야 성문법도 의미가 있다. 유대왕국에서 그런 법전이 가능했던 시대는 아하스 왕부터 요시야 왕까지 5대(아하스→히스기야→므낫세→아몬→요시야)[1]에 걸친 군주들의 시대다. 이때 등장한 법전이 바로 〈신명기〉다. 그리고 이 법전의 내용이나 외적 증거 등은 그때가 요시야 왕 시대임을 시사하고 있다.

하지만 〈신명기〉처럼 완성도 높은 법전이 요시야 왕 시대에 느닷없이 탄생할 수는 없었을 것이다. 해서 요시야 왕이 이 법전을 완성하는 데는 이전에 만들어진, 먼저 발달된 다른 국가의 법전을 차용했을 것으로 추정된다. 〈출애굽기〉에 담겨 있는 '계약법전'이 바로 그 '차용된 법전'이었을 가능성이 가장 높다. 이 차용된

〈출애굽기〉 21장의 역사적 자리

유대왕국	아하스 왕 (기원전 747~ 727년 재위)	히스기야 왕 (기원전 727~ 698년 재위)	므낫세 왕 (기원전 697~ 642년 재위)	아몬 왕 (기원전 642~ 640년 재위)	요시야 왕 (기원전 640~ 609년 재위)
		계약법전(?)			〈신명기〉
이스라엘 왕국	계약법전 원본				
	멸망 (기원전 722년)				

법전의 출처는 아마도 이스라엘왕국이었을 것으로 보인다. 지리적으로 가깝기도 하거니와 시리아-팔레스티나 지역에서 가장 발달한 나라이기도 했고, 유대왕국과 같이 야훼를 최고신으로 숭배하는 나라였으니 법전을 차용하기에 가장 적합했을 것이다. 흔히 학자들은 법전 차용의 경로가 위의 표와 같았을 것으로 추정한다.

이스라엘왕국이 아시리아의 침공으로 멸망의 위기에 처하고 결국 역사의 무대에서 사라지게 되는 과정에서 수많은 난민들이 전란에 휩싸인 나라를 떠나 사방으로 흩어졌다. 그중 적잖은 이들이 가까운 유대왕국으로도 유입되었고[2] 그중에는 일단의 서기관들도 있었다. 이들은 이스라엘왕국의 문서들 중 일부를 가지고 귀화했을 것이다. 아마도 그 문서들 속에 '계약법전' 혹은 그 원형이 포함되었을 것으로 보인다. 요시야 왕은 이들을 왕립문서국 서기관에 편입시켰고, 그 덕에 유대 왕국은 놀라울 정도로 빠르게 대대적인 문서 편찬 사업에 착수할 수 있었다. 오늘날 '제1성서(구약성서)'의 상당 부분은 바로 이 시기에 최초의 형태가 만들어졌다. 특히 요시야 왕실의 문서 편찬 사업 중 핵심인 〈신명기〉를 편찬해내기 전, (요시야 왕실 혹은 그 선왕의 왕실에서) 이스라엘왕국의 법전을 조금 다듬어 사용했던 것이 아닐까 한다. 다시 말해 〈신명기〉가 차용했을 법전은 바로 〈출애굽기〉에 담긴 '계약법전'이었을 것이라는 얘기다.

〈레위기〉 20장의 다른 이름, '성결법전'

그렇다면 〈레위기〉 20장의 역사적 맥락은 어떠했을까? 이 텍스트는 일반적으로 '성결법전Holiness Code'이라고 알려진 법문서(레위기 17-26)의 일부다. '성결법전'이라는 이름은 "너희의 하느님인 나 주가 거룩(성결)하니, 너희도 거룩(성결)해야 한다"(19:2)는 구절이 반복되어 사용되고 있다는 데서(20:7-26; 21:8; 22:35) 유래한 것으로, 다른 텍스트들에 비해 유난히 '성결'을 강조한다. 이때 성결의 내용은 주로 '제사'나 '예물'과 깊은 관련이 있는데 이를 주도하는 이들은 '제사장들'이다.

〈레위기〉에서는 특히 '아론계 제사장'들이 중요한 역할을 하고 있는 것으로 보인다. "아론과 그의 아들들에게, 그리고 온 이스라엘 자손에게 일러라"(17:2)라는 말처럼 법전의 반포를 맡은 책임자들이 '아론과 그의 자녀들', 곧 아론의 후손임을 자처하는 제사장 그룹인 것이다.

또 하나 주목할 것은 '땅'에 관한 것이다. 아래 인용구에서 보듯 '땅'은 성결법전에서 율법을 둘러싼 상벌 사항의 가장 핵심적인 키워드다.

내가 그들을 거스르지 않을 수 없었다는 것과, 그래서 내가 그들을 원수가 사는 땅으로 보냈다는 것을 깨닫고, 할례받지 못한 그들의 마음이 겸손해져서, 자기들이 지은 죄로 벌을 기꺼이 받으면, 나는, 야곱과 맺은 언약과 이삭과 맺은 언약과 아브라함과 맺은 언약을 기억하고, 또 그 땅도 기억하겠다. 그들에게 버림받은 그 땅은, 오히려 그들이 없는 동안 폐허로 있으면서, 안식을 누릴 것이다. 그 기간에 그들은 내가 명한 법도를 거역한 죗값과 내가 세운 규례를 지키지 않은 죗값을 치를 것이다. 비록 그들이 죗값을 치르고 있더라도, 그들이 원수의 땅에 잡혀가 있는 동안에, 나는 절대로 그들을 버리지 않겠다. 미워하지도 않고 멸망

시키지도 않겠다. 그래서 그들과 세운 나의 언약
을 깨뜨리지 않겠다. 내가 주 그들의 하느님이기
때문이다.

—〈레위기〉 26장 41~44절

이 텍스트는 이스라엘 족속이 이집트로 가서 노예
로 살다가 다시 가나안으로 돌아오게 되었다는 내용처
럼 읽힌다. 하지만 여기서는 유대왕국이 멸망하고 유배
된 자들이 돌아와 '땅의 권리'를 주장하는 것의 정당성
에 관한 이야기라는 데 초점을 맞춘다. 왜냐하면 출애
굽(출이집트)은 역사적 사건보다는 설화에 가깝기 때문
이다. 성서는 출애굽한 히브리인들의 규모가 성인 남자
만 60만 명에 이르렀다고 말한다. 이는 출애굽한 히브
리인의 총수가 족히 2백만 명쯤 되었다는 것을 의미한
다. 한데 실제 기원전 15~11세기경 이집트 인구는 1백
만 명을 넘지 않았을 것으로 추정된다. 출애굽 사건이
일어난 시기로 기원전 16~13세기가 추정되는 것을 감
안하면, 60만 명이라는 수치는 불가능하다. 이 같은 이
유로 출애굽이 실제 사건이 아니라 고대 이집트 기록물
에 담긴 사건을 뿌리로 하는 설화라는 주장은 현대 성
서학계에 널리 알려져 있다.

한편, 팔레스티나에서 군주국가가 등장한 시기는
아무리 빠르게 잡아도 기원전 10세기경이다. 그리고

그 군주국가들이 아시리아와 바빌로니아에 의해 역사에서 사라진 시기는 기원전 6세기 말이었다. 유대왕국은 바빌로니아에 의해 기원전 586년경에 멸망했고, 귀족층을 포함한 수만 명의 사람들이 오늘의 이라크 지역으로 유배된 것이다. 그리고 유배된 이들 중 일부가 다시 옛 유대왕국의 수도인, 폐허가 된 예루살렘으로 귀환하는 운동이 기원전 6세기 초부터 4세기 사이에 일어났다. 즉, 앞에서 인용한 〈레위기〉 26장 41~44절의 이야기는 설화적으로는 전자(출이집트)에 관한 것이지만 역사적으로는 후자의 사건(출바빌로니아)과 관련이 있는 것이다.

그렇게 보는 이유는 이 텍스트에서 제사가 사회를 유지하는 데 가장 중요한 요소이고, 제사장들이 그 중심 역할을 하는 상황이 전제되어 있기 때문이다. 이는 출애굽이 일어난 시대와는 잘 맞지 않는다. 출애굽의 시대는 이스라엘이 국가를 만들어보지도, 국가종교의 운영자인 제사장 제도를 경험해보지도 않은 때였다. 그 시대 출애굽 담론의 핵심 기조는 '해방'이지 '제사와 정결' 문제가 아니었던 것이다.

반면, 바빌로니아로 끌려간 유대왕국 유배민 중 다수는 중앙성전에서 국가종교를 운영하던 제사장 귀족들이었다. 귀환 운동 초기에는 구 왕족이 지도력을 행사했지만, 후기에는 제사장들이 귀환 운동 지도 세력의 주축을 이루었다. 덧붙여 귀환자들에게 가장 중요한 과제는 수십에서 수백 년이 지나 돌아온 땅에 대한 종주권 주장이었다. 바빌로니아에서 돌아온 귀환자들이 보기에 자기들은 유배 상황에서도 정결을 지킨 순결한 자들이고, 이 땅에 남아 있던 이들은 그러지 못한 부정한 자들이었다. 하여 〈레위기〉의 주역들을 포함한 제사장 중심의 귀환자 엘리트들은 귀환민과 선주민을 순결과 부정의 틀로 구별 짓는 프레임을 만들어냈다. 그런 점에서 성결법전은 귀환자들의 이해와 잘 맞는다.

한 가지 더 첨언하자면, 출애굽 이야기가 역사보다 신화에 가깝다고 하지만, 여기서 신화란 역사와 대립된 허구적 이야기를 뜻하지만은 않는다. 신화는 역사의 반영물이기도 하기 때문이다. 다만 사실적 이야기인 듯 사건을 묘사하는 역사적 이야기와는 달리, 신화는 사람들이 사실적이라고 느끼는 상념을 초월한 이야기다. 하지만 그 속에는 분명 역사가 반영되어 있다.

옛 유대왕국의 땅으로 귀환한 사람들

페르시아 초기, 구 왕족의 귀환과 성전 재건

이스라엘 사회에서 출애굽의 신화적 이야기가 구성된 시기는 언제일까. 나는 부족동맹 이스라엘 시대

(기원전 13~11세기경)였다는 오래된 가설에 동의한다. 그러한 신화가 문서화되어 텍스트로 자리 잡은 것은, 수백 년이 지난 뒤인 군주제 시대 때였다. 아마도 선진국인 이스라엘왕국에서 먼저 문서화가 진행되었을 것이다.[3] 그런데 이스라엘왕국은 유대왕국보다 먼저(기원전 722년) 역사에서 사라졌다. 이에 앞에서 정리한 것처럼, 유대왕국으로 남하한 이스라엘계 서기관들이 요시야 왕실에서 '계약법전'을 유대왕국의 초기 법전으로 제작하였다. 그것이 오늘 우리가 보는 제1성서의 최초 형태였다. 부족동맹 이스라엘의 기록들은 유대왕국 요시야 왕실 서기관들에 의해 선사先史적 기억으로 자리 잡았을 것이다. 그런데, 앞의 인용문에서 시사되고 있듯 〈레위기〉는 유배된 유대왕국 엘리트들이 귀환해서 자치 공동체를 만들던 때(기원전 6세기 말 이후)를 배경으로 한다. 그 배경에 대해 좀 더 상세히 이야기해보자.

바빌로니아 제국에 의해 멸망한 유대왕국은 전 국토가 초토화되다시피 했다. 고고학적 조사에 따르면 왕국이 급격히 몰락하던 기원전 6세기를 거치면서 유대왕국 인구의 85퍼센트가 고향을 떠나 난민이 되었다. 국토의 80퍼센트가 파괴되었고, 대부분의 도시는 완전히 사라져버렸다. 이후 사치품 사용의 흔적이나 이렇다 할 건조물의 흔적이 발견되지 않는다는 것은 한동안 지배층을 대체할 만한 세력이 그 땅에 존재하지 않았다는

제임스 티소의 〈포로들의 대이동〉(1896?). 바빌로니아 제국에 의해 멸망한
유대왕국은 전 국토가 초토화되다시피 했고, 인구의 85퍼센트가 난민이 되었다.

것을 시사한다.

당시 바빌로니아로 유배된 이들은 지배층 일부와
군인, 장인 집단 등으로, 그 규모에 대해 〈열왕기하〉에
서는 두 차례에 걸쳐 각각 1만 명, 8000명으로 말하고
있고(24:14; 24:16), 〈예레미야〉에서는 세 차례에 걸쳐
강제 이주된 이들을 총 4600명(=3,023+832+745)이라
고 묘사하고 있다(52:28-30). 1단위 숫자까지 언급하고
있다는 점에서 〈예레미야〉의 수치가 실제에 가까울 듯
한 인상을 주지만, 그 조사에서 누락된 유배민들이 있
었을 가능성을 배제할 수는 없다. 하지만 그렇다고 해
도 유배민들의 수가 〈열왕기하〉에서 말한 1만 8000명
을 넘었을 것 같지는 않다. 따라서 가장 느슨하게 추정

하면 유배민의 총수는 4600명에서 1만 8000명 사이였다고 할 수 있겠다.

바빌로니아는 기원전 539년, 페르시아에 의해 멸망한다. 이 신흥 제국을 메소포타미아의 패권국으로 이끈 통치자는 고레스Cyrus(키루스 2세)였다. 하지만 이 엄청난 역사적 사실보다 유대계 유배민에게 더 중요했던 사실은 고레스 왕이 바빌로니아에 의해 강제 이주되었던 이들의 본국 귀환을 허가한다는 포고령을 내렸다는 점이다. 이후 페르시아 시대에 팔레스티나로 귀환한 유대계 이민자들의 행렬에 대해 우리는 최소한 네 번의 사례를 알고 있다.

첫 번째와 두 번째 귀환 운동은 세스바살(에스라 1:8-11)과 스룹바벨(2:1-2)이라는 구 왕족 출신 인사가 중심이었다. 그들은 대략 기원전 6세기 중후반에 유대 지방, 특히 예루살렘과 그 인근 지역으로 돌아왔다. 이 중 스룹바벨은 학개와 스가랴 등의 예언자와 아론계 제사장[4]인 예수아(여호수아의 축약형) 등의 보좌를 받으며 폐허가 된 예루살렘에 성전을 재건축하였다. 그러나 이 시기 귀환자들의 정착은 녹록지 않았다. 당시는 사마리아와 암몬에 자리 잡은 정치 세력이 팔레스티나에서 가장 강한 영향력을 갖고 있었고, 예루살렘에 정착한 귀환자들의 정치적 위상은 매우 미미한 수준이었다. 아무튼 이때까지 유대 사회의 재건은 군주국가로의 재건을

고레스 황제의 정책이 담긴 아카드어로 된 원통형 토판문서가 1879년 발굴되었다. 학자들은 이를 '고레스 실린더The Cyrus Cylinder'라고 부른다. 여기에는 바빌로니아에 의해 유배된 자들의 본국 귀환을 허락한다는 내용이 담겨 있다.

의미했다.

　고레스 시절의 귀환 공동체는 폐허가 된 예루살렘 성전을 작은 규모로나마 재건함으로써 정체성을 겨우 유지하는, 대외적으로는 존재감 없는 집단에 불과했다. 그들은 영토에 대한 소유권을 주장했지만 결코 선주민들에게 인정받지 못했고, 강제로 병합할 능력도 없었다. 게다가 귀환 공동체의 대다수 주민들은 땅의 소유권을 둘러싸고 선주민 세력과 갈등하기보다 서로 뒤얽혀 살아가는 방법을 택했다. 그것이 존재감 없는 신흥 집단이 생존할 수 있는 거의 유일한 방법이었기 때문일 것이다. 그들 중 상당수는 선주민들과 혼인관계로 엮이기까지 했다. 최상류층의 경우도 다르지 않아서, 사마리아와 암몬의 귀족층과 혼인관계를 맺기도 했다.

이러한 공존이 사회를 더 진보적이거나 더 보수적으로 만드는 데 영향을 미치진 않았지만, 아무튼 귀환민들과 선주민들은 평화롭게 서로 얽혀 살아갔다.

페르시아 후기, 갈등과 분열의 시작

세 번째와 네 번째 귀환 운동 시기에 이르러 평화적 공존의 질서는 빠르게 무너져갔다. 기원전 5세기 초반에서 4세기 후반 무렵 느헤미야와 에스라를 주축으로 하는 귀환자들이 새로 유입되어 들어왔다.[5] 이 귀환자 대열의 규모가 어느 정도였는지는 알 수 없다. 다만 귀환민과 선주민 사이의 인구비에 별다른 영향을 미치지는 않은 것으로 보인다.

이 귀환 운동에서 주목할 것은 그 지도자들에 있다. 그들은 구 왕족 출신 인사들이 아니라, 페르시아에서 관료로 재직하던 유대계 인사들이었다. 느헤미야는 정무적 직책을, 에스라는 종교적 직책을 맡았던 듯하다. 느헤미야의 귀환에서 주목할 점은 예루살렘 '성벽 *shur*'을 재건한 것이다. 이로써 유대 귀환 공동체는 명실상부한 정치 세력으로 자리 잡기 시작했다. 그 과정에서 에스라는 율법 *torah* 을 반포하며 귀환 공동체의 내적 통합을 도모했다. 좀 과장해서, 느헤미야의 성벽 건축 프로젝트가 유대 귀환 공동체의 '정치적 국경'의 출발점이 되었다고 한다면, 에스라의 율법 반포 프로젝트는

'사회 종교적 국경'을 구축하는 초석이 되었다고 할 수 있다.

에스라는 사독계 제사장으로(에스라 7:1-2), 페르시아 제국의 관료로서 유대계 이민자 집단의 제사장직을 수행했던 자로 보인다. 그는 페르시아 황실의 명을 받고 유대 지방으로 귀환한 이후 최고 지도자로서 율법을 반포했다. 이것은 인근의 강력한 정치 세력인 사마리아와 암몬에 대한 적대적인 분리주의 정책의 일환이었고, 공동체 내부에 강한 동질성을 추구하는 '폐쇄적 순결주의'를 내포하고 있었다. 그것의 궁극적 목표는 유대 귀환 공동체를 명백한 친페르시아 세력으로 재편하는 것, 그리고 동시에 유대 귀환 공동체를 독립적인 정치 세력으로 만들려는 것이었다. 이로써 귀환민과 선주민이 평화롭게 뒤섞여 살던 시대는 끝났다. 이제 '정복하려는 자'와 '정복되지 않으려는 자' 간의 치열한 쟁투의 시대가 시작되었다.

느헤미야-에스라 이후 유대 귀환 공동체는 사마리아와 암몬으로부터 사실상 독립적인 정치 세력으로 부상했음이 분명하다. 하지만 느헤미야-에스라의 정책을 계승하는 이들이 이후로도 계속 유대 귀환 공동체의 권력을 장악했는지는 알 수 없다. 추정컨대 치열한 권력투쟁이 계속되었을 것이다. 특히 분리주의 이데올로기를 내세우며 부상한 사독계 제사장 세력과 분리주의 이데올로기에 의해 탄핵 대상이 되었던 아론계 제사장 세력 간의 쟁투는 우열을 가릴 수 없을 만큼 치열하게 이어졌다. 세월이 흐르면서 이데올로기적 차이는 점점 모호해졌고, 두 분파 모두 분리주의 프레임을 지지하는 방향으로 변화해갔다. 외부의 강력한 세력으로부터 독자적인 정치 세력으로 살아남기 위해 유대 지방의 정치 세력들은 국경을 더 견고하게 만드는 방식을 택했다. 이는 분리주의적 이데올로기의 고착화로 나타났다.

이러한 시기에 요시야 왕 이후 중단되었던 문헌 집필과 편찬운동이 재개되었다는 것이 학계의 일반적 견해다. 그러나 미국의 성서학자 윌리엄 슈니더윈드 William M. Schniedewind(1965~)의 문제 제기처럼, 페르시아 치하 귀환 공동체 시대에 문자문화가 활성화되었다고 볼 만큼의 사회적 인프라가 잘 구축된 증거를 찾아보기는 쉽지 않다. 아시리아와 바빌로니아 시대로 이어지는 장기간에 걸친 전란으로 흩어진 인구가 페르시아 시대에 회복되었다는 증거도 거의 없다. 요컨대 이 시대까지는 아직 성서의 체계적인 집필이 시작되었다고 보기 어렵다.

〈레위기〉와 성서 편찬 운동

페르시아 제국의 멸망 이후, 헬레니즘 시대가 도래했다. 이 시대는 여전히 요시야 왕 시대에 비해 인구나 경제가 열악한 상황이긴 했지만, 오늘날 제1성서의 일부 텍스트와 병행하는, 히브리어로 된 쿰란의 가장 오래된 문서가 헬레니즘 시대인 기원전 3세기 중반경에 기술되었다는 점에서, 성서 편찬 운동이 본격적으로 시작된 시기를 헬레니즘 시대 이전으로 보기는 어려울 것이다. 그렇다면 성서 편찬 운동은 기원전 3세기 프톨레마이오스 제국[6] 치하에서 일어났다고 하는 게 적절할 것이다.

프톨레마이오스 제국이 패권 세력이던 헬레니즘 시대 초기는 지중해 전반에 걸쳐 폭넓게 문서 운동이 일어날 만큼 문자문화를 위한 사회적 인프라가 잘 구축되던 시기였다. 그 배경에는 프톨레마이오스 제국이 주도하는 지중해 경제의 활황기가 있었다. 이런 상황에서 거대한 알렉산드리아 도서관[7]이 건설되었고 지중해 전역에 걸쳐 필사자의 막대한 수요를 촉발시켰다. 그 과정에서 필사의 비용이 매우 저렴해졌으며 지중해 전역에 걸쳐 민간 서기관들이 대거 등장했다. 그들 중 다수는 서민 출신이었다. 지중해 경제의 활황으로 어느 정도 부를 축적한 서민 출신 신흥 중산층이 크게 증가하면서, 그들 가운데 학자들이 탄생한 것이다. 즉, 이들은 필사자일뿐만 아니라 저술가이기도 했으며 이들에 의해 많은 문헌들이 폭발적으로 생산되었다. 이들 사이에서 대중에게 열렬한 지지를 받는 지도자들이 등장했고, 그들의 대중 동원력은 지중해 각 지역에서 벌어진 숱한 계급투쟁의 원인이 되곤 했다.

팔레스티나에서도 코헬렛*Qohelet*(전도자)이라고 불리는 현자들이 등장했다. 이들이 만든 문헌들 중 대중에게 인기가 높았던 문헌들은 〈욥기〉〈전도서〉〈잠언〉 등이 있다. 이 문헌들이 '정전*canon*'에 포함되었다는 것은 그 영향력이 어느 정도였는지를 시사한다. 〈다니엘〉 12장 3절 중 새번역 성서가 "지혜 있는 사람"으로 번역하고 있는 '함마스킬림*hammaskilim*'은 지식을 가진 신흥 엘리트층의 지도자를 말하는 것으로 보이고, 하시딤 *Hasidim*, 에세네*Essene*, 바리사이*Pharisai* 등도 헬레니즘 시대에 등장한 서민 친화적인 지식인 집단을 가리키는 다양한 표현들로 보인다.

한편 진보적 성향의 문헌들도 등장했다. 특히 〈이사야〉 후반부에 덧붙여진 '제2, 제3 이사야 텍스트들' (40-55; 56-66)은 이 시기 지배층들의 분리주의 운동에 적극적인 비판을 가하고 있다. 묵시문학 같은 반체제적 지식인들의 문헌들도 이 시기를 배경으로 한다.

그럼에도 대체로 보수적인 성향의 분리주의 이데

올로기는 유대 귀환 공동체의 지배적인 기조였다. 그런 입장을 주도한 이들로는 이 시대의 정치적 주도권을 장악하고 있던 제사장 계열과 후기 신명기 계열[8]의 서기관들이 대표적이다. 〈레위기〉나 그것에 수록된 '성결법전'은 제사장 계열의 대표적인 문서다. 특히 아론계 제사장들이 이 문서 편찬을 주도했다.

아론계 제사장들은 페르시아 초기인 제1차, 제2차 귀환 운동 이후 유대 귀환 공동체를 주도하는 제사장 세력이었다. 하지만 이때까지 그들은 분리주의적이지는 않았던 것으로 보인다. 이후 사독계 제사장인 에스라의 분리주의 정책에 의해 아론계 사제들이 대대적으로 숙청된 적이 있었다. 하지만 그들은 다시 복권하여 사독계 제사장 계열과 치열한 권력쟁투를 계속했다. 여기서 흥미로운 것은 헬레니즘 시대의 문헌인 〈레위기〉와 그 속에 포함된 '성결법전'에서 보이듯 아론계 제사장들은 사독계 못지않은 분리주의적 신학을 주도하고 있다는 점이다. 페르시아 후기, 특히 헬레니즘 시대에 이르러 많은 아론계 제사장들도 분리주의 성향으로 그 이데올로기적 성향이 변화된 것이다.

하여 결론을 얘기하면 〈레위기〉와 그 속에 포함된 성결법전은 헬레니즘 시대가 시작되는 기원전 3세기 사이에 형성, 보완, 발전된 문서라고 할 수 있다. 즉 에스라 시대부터 페르시아 제국의 통치가 끝나던 기원전 4세기 말까지는 그 맹아기가 있었을 것이지만, 본격적인 편찬 운동의 시작은 헬레니즘 시대부터라고 할 수 있다. 〈레위기〉도 헬레니즘 초기인 기원전 3세기 편찬 운동의 산물로 시작된 것으로 추정할 수 있다. 물론 그 맹아는 그 이전부터 준비되고 있었을 것이고, 수정·보완이 계속되면서 아마도 기원전 1세기쯤에는 최종 형태에 가까운 버전이 탄생하게 되었을 것으로 보인다.

공포의 퍼포먼스를 위한 법적 알리바이

이제 우리는 〈레위기〉가 헬레니즘 시대 초기 아론계 제사장들의 문서에서 유래한 것이라는 전제 위에서, 남자끼리 동침하면 죽는다고 말하는 20장 13절에 대해 살펴보자.

우선 떠오르는 질문은 〈레위기〉 20장의 열여섯 가지 극형 항목에 왜 여자끼리 동침하는 문제는 없을까 하는 것이다. 동성애가 죄라고 말하는 사람들이 주장하는 것처럼 이것이 동성애에 대한 구절이라면 남녀 간의 사랑 이외의 모든 사랑을 예외 없이 처벌하는 게 상례일 텐데, 여자끼리의 동침은 처벌 항목에서 발견되지 않는다. 이에 대해 어떤 이는 '여성을 법적 주체로 간주하지 않은 탓'이라고 말하고, 또 어떤 이는 '실수로 누락된 것'이라고 말하기도 한다.

하지만 20장 15~16절을 보면, 동물과 교접하는 것을 뜻하는 수간의 경우, 남자뿐 아니라 여자도 죽이라는 문장이 각각 따로 명시되어 있다. 이것만 보더라도 '여성을 법적 주체로 간주하지 않았기 때문에 여성 동성애 처벌 얘기는 할 필요가 없었다'거나[9] '실수로 누락된 것'이라는 주장은 타당성이 없다. 실제로 〈레위기〉 20장에는 사형에 처할 '부적절한' 성관계가 여러 가지로 명시되어 있다. 타인의 아내와 동침하는 경우, 아비의 아내와 동침하는 경우, 시아버지가 며느리와 동침하는 경우, 사위가 장모와 동침하는 경우, 남자가 아버지의 딸이든 어머니의 딸이든 누이와 동침하는 경우, 남자가 월경하는 여자와 동침하는 경우, 남자가 고모나 이모와 동침하는 경우, 남자가 숙모와 동침하는 경우, 남자가 형수나 제수와 동침하는 경우, 그런 짓을 한 남자와 여자 '모두'를 처형하라고 한다. 그러니 남자끼리 동침하는 것만 언급된 것은 여성을 법적 주체로 간주하지 않은 탓도 아니고, 실수로 누락된 것도 아니다.

여기서 다시 한 번 강조하는 것은 〈레위기〉의 극형에 관한 법들은 〈출애굽기〉의 중범죄들처럼 명약관화한 것들이 아니라는 점이다. 모든 범죄에 대한 처벌이 마찬가지지만, 특히 극형은 이에 해당하는 범죄를 저지른 누구라도 동일하게 처벌된다는 사회적 믿음이 필수적이다. 만약 어떤 이는 극형에 처하고 어떤 이는 좀 더 가벼운 형을 받거나 아예 처벌하지 않는 일이 비일비재하다면, 이러한 법은 신뢰를 상실할 것이고 결국은 무용지물이 되고 말 것이다.

한데 〈레위기〉 20장에 언급된 범죄들이 과연 명약관화하게 다루어질 수 있는 것들인가? 말할 것도 없다. 여기에 명시된 항목들 대다수는 집안에서 사사로이 벌어지는 일들이다. 이런 일이 일어난다면 그것을 어떻게 알아내 처벌할 수 있을까? 대개의 경우 가문들은 사력을 다해 숨길 텐데 말이다. 하여 범죄자를 색출하지조차 못한 채 넘어가는 일이 허다했을 것이다. 그러니 이 항목들은 실정법으로서는 거의 무의미한 셈이다. 이 법률은 일부 시범적으로만 유의미했을 것이다. 즉, 공포의 퍼포먼스를 위한 법적 알리바이 정도로만 유용한 것이었겠다. 그렇다면 〈레위기〉 20장은 실정법이라기보다는 집권 세력의 이데올로기적 홍보물에 가깝다.

신들의 '가상 결혼식' 히에로스 가모스를 둘러싼 정치학

다시 20장 13절, 남자끼리 동침하는 것에 대해 얘기해보자. 왜 '남자끼리'에 방점이 찍혀 있을까? 한 가지 개연성 있는 가설은 '히에로스 가모스*ἱερός γάμος*'와 연결시키는 것이다. '히에로스 가모스'란 '거룩한 결혼'이라는 뜻의 그리스어인데, 성소에서 남자 제사장들이나 여자 제사장들이 신의 역할을 대행하여 숭배자들과 만드는 '가상 결혼식'을 말한다. 이 결혼식은 숭배자들의 대표자와 제사장이 성관계를 맺는 형식으로 진행되는 제의다. 이 의례는 가상 결혼식을 수행하는 이들과 거기에 모인 이들이 함께 한 판 열광적으로 잔치를 벌이는 축제이기도 하다. 이 지역의 결혼식이 대개 그랬듯이, 제사장과 숭배자 가릴 것 없이 서로 얽혀 노래하고 춤추며 함께 식사하고 그 절정에 신부와 신랑이 동침하는 것으로 히에로스 가모스는 마무리된다.

흥미로운 것은 이 의례가 기본적으로 다신교적이라는 점이다. 풍요와 관련된 모든 신적인 존재가 이 축제에 참여했기 때문이다. 특히 남신과 여신이 커플이 되어 참여하는 경우가 흔했다. 대표적인 여신들로 가나안의 아세라*Asherah*나 아스다롯*Astaroth*, 바빌로니아의 이슈타르*Ishtar*, 아시리아의 아낫*Anat*, 그리스의 아프로디테*Aphroditē*, 로마의 베누스*Venus* 등이 있었다. 이들은 금성金星을 상징하는 여신들로, 풍요와 다산을 표상한다. 이때 야훼는 종종 아세라 혹은 아스다롯 신과 부부로 등장한다. 왜냐하면 야훼와 아세라, 혹은 야훼와 아스다롯은 팔레스티나 지역의 대표적인 '커플 신'이기 때문이다.

시나이반도 북쪽의 이스라엘왕국 요새 쿤틸렛 아주르드에서 발견된 벽화.
황소와 암소 모습을 한 야훼와 아세라가 부부로 등장한다.

〈호세아〉에는 야훼와 아세라(또는 아스다롯)가 부부로 등장하는 히에로스 가모스 의식이 이스라엘왕국의 성소들에서 흔히 벌어지고 있었음이 시사되어 있다.[10] 유대왕국보다 더 남쪽의 시나이반도 북단 쿤틸렛 아주르드Kuntillet Ajrud 요새에서는 야훼와 아세라가 부부로 등장하는 벽화가 발견되기도 했다. 이것은 신들의 결혼을 전제로 발전한 히에로스 가모스 의례가 그곳에도 존재했을 가능성을 시사한다. 물론 이 요새는 이스라엘의 식민지였지만, 위치상 이 지역의 의례와 연관된 신앙이 이 요새의 예배에도 반영되었을 가능성이 크다. 그렇다면 그곳과 북쪽에 인접해 있는 유대 사회에도 이런 의례가 널리 확산되어 있었다고 보는 게 개연성이 있을 것이다.

사실 히에로스 가모스 의례는 지중해와 메소포타미아 사회 곳곳에서 널리 행해지는 의례였다. 앞에서 언급했듯 금성을 표상하는 다양한 지역신들이 참여하는 대표적 풍요제의 양식으로 곳곳에서 저항감 없이 널리 행해졌다는 것은 의심할 여지가 없다. 실제로 오늘의 독자들에게도 널리 알려진 이 여신들은 히에로스 가모스 제의를 포함한 풍요제 때문에 당대에 유명해졌을 것이다. 그러니 팔레스티나, 시리아, 지중해 여러 지역, 메소포타미아 사회 곳곳에서 널리 행해지던 의례가 유대 사회에서만 없었다고 주장하려면 오히려 논증의 책임을 져야 할 일이다.

　　한데 기원전 8세기 이스라엘왕국의 예언자 호세아보다 한 세기쯤 후, 유대왕국에서 요시야 왕이 개혁정책을 펼 때 지방에서 벌어지는 일체의 의례를 중지시킨 적이 있다. 그 이유는 왕실과 예루살렘성전 제사장들이 예루살렘성전의 의례만을 정당한 것으로 규정했기 때문이었다. 이는 중앙집권적 왕권체제를 구축하는 데 필요한 조치였다. 많은 지방성소들은 왕권을 위협하는 대지주 귀족들의 아성이었기에, 그러한 지방성소들을 철폐하는 것이 요시야 왕실에게는 중요한 의미가 있었던 것이다.

　　지방성소의 모든 의례를 금지하고 유대왕국이 유일하게 정당한 것으로 규정했던 예루살렘성전의 의례는 흥미롭다. 예루살렘성전의 의례는 야훼가 다른 여신과 부부로 등장하는 것을 우상숭배로 간주했다. 해서 호세아는 유대왕국의 예언자가 아니라 이스라엘왕국의 예언자였음에도, 유대왕국 서기관들이 편찬한 예언자 두루마리에 그의 신탁집이 포함되었다. 거기에는 히에로스 가모스가 이스라엘왕국 성소들에서 흔히 행해지는 의례라고 시사되어 있었기 때문이다. 우리가 알고 있는 〈호세아〉는 이렇게 탄생했다.

이제 야훼는 홀로 성전 안에 있게 되었다. 모두가 유쾌하게 웃고 춤추는 '거룩한 결혼'의 축제가 벌어지는 성전이 아닌, 엄숙하게 의례를 수행하는 폐쇄적인 성전 안에 고독하게 살게 된 것이다. 유대왕국의 중앙성전(예루살렘성전)은 여러 구역으로 나뉘어 있었는데, 여성 백성의 뜰, 남성 백성의 뜰, 제사장의 뜰, 성전 건물이 그것이다. 성전 건물 안에는 대제사장만이 정해진 때에만 들어갈 수 있었다. 성전 건물 내부는 다시 '성소 Holy Place'와 '지성소Most Holy Place'로 나뉘었고, 그중 모세의 법궤가 안치되어 있다는 '지성소' 안에서 제사장은 야훼를 만날 수 있었다.

이렇게 철저히 폐쇄적인 야훼예배가, 아마도 그 원초적 형태가 요시야 왕실의 채플에서 수행되었던 것 같다. 유대왕국이 멸망하며 유배됐던 이들이 돌아오고 나서 만들어진 후대의 성서 텍스트들을 보면, 야훼가 있다던 지성소에는 어떤 조명도 없었다고 한다. 그러니까 대제사장은 그 안에 들어가도 야훼를 볼 수 없었던 것이다. 하여 성전 안에도 실상 야훼는 없다는 이야기가 전승되었다. 그분은 너무 거룩해서 사람이 있는 공간에 함께할 수 없다는 것이다. 그분이 계신다고 믿었던 그곳에는 단지 그이의 숭고한 흔적만이 있을 뿐이다. 이 시대를 반영하는 제1성서 텍스트들은 야훼의 이 숭고한 흔적을 '영광*kabod*'이라고 불렀다.

하지만 이처럼 히에로스 가모스 예배를 철폐하고 야훼예배만을 정당화하려던 요시야 왕의 시도는 성공하지 못했다. 너무도 오래되어 일상화된 관습이 불과 20년도 안 되는 시간 안에 사라지는 건 불가능에 가깝다. 더구나 요시야 왕은 이집트의 파라오 느고 2세의 팽창주의 정책으로 인해 비명에 숨졌고(기원전 609년), 그의 개혁을 계승하기 위해 새 왕으로 추대된 어린 아들 여호아하스는 불과 3개월 만에 폐위되었다. 이후 요시야 왕의 다른 아들이자 여호아하스의 배다른 형인 여호야김이 이집트의 파라오 느고에 의해 새 왕으로 선택되었는데, 그는 반개혁파의 비호를 받는 통치자였다. 그러니 지방성소들 도처에서 행해지던 종교관행 히에로스 가모스는 요시야 왕 때 잠시 주춤했을지언정 사라지지는 않았고, 그의 사망 이후 다시 활발하게 행해졌다고 보는 게 자연스럽다.

전국 곳곳에서 히에로스 가모스 예배는 다시 활기를 띠었을 것이다. 그것을 억압하던 권력은 붕괴했다. 유대왕국이 바빌로니아에 의해 멸망하고, 고위급 제사장을 포함한 지배층 다수가 유배되었다. 이때 유배된 제사장들은 주로 중앙성전의 제사장이었다. 지방에서 이뤄지는 히에로스 가모스 의례를 방해하는 세력이 사라진 셈이다.

사라진 여성들과 권력의 재편

유대왕국을 멸망시킨 바빌로니아도 50년쯤 지나 몰락했고, 새 제국 페르시아 치하에서 유배된 이들의 일부가 돌아왔지만 초기 귀환 집단은 정착에 실패했다. 앞에서 말했듯이 이 초기 귀환 집단은 구 왕족 인사들(세스바살, 스룹바벨)을 중심으로 하는 집단이었다. 이때에 폐허가 된 성전이 재건축되었다. 학개와 스라야 예언자는 성전 재건축 운동에 열렬히 참여했던 종교지도자였다. 구 왕족 출신 인사 스룹바벨과 최고 제사장 예수아는 사실상 그 운동을 이끌었다. 하지만 그렇게 건축된 성전의 규모는 빈약하기 이를 데 없었고, 그 역할도 귀환 공동체의 예배터 이상의 의미를 갖지 못했다. 게다가 가진 것 없는 이주민들이 힘겹게 헌납한 보잘것없는 기물들이 비축된 성전은 주변 족속들의 주기적인 약탈의 대상이 되었다. 하여 재건축된 성전은 오랫동안 다른 성소들을 압도할 만한 위상을 지니지 못했다. 그러니 인근 지역 성소들에서 벌어지는 히에로스 가모스를 억제하기는커녕 견제할 능력도 없었다.

그렇게 한 세기가 지난 뒤 새로운 귀환의 열기가 물결쳤다. 말했듯이 이때 이 귀환을 주도한 것은 페르시아의 관료로 재직하던 유대계 인사들이다. 그들은 제국의 후원을 조직하고 사회를 운용하는 정치력에서 과거의 인사들보다 훨씬 더 뛰어났던 것 같다. 하여 그들이 주도한 귀환 운동은 귀환 공동체를 과거보다 훨씬 존재감 있는 정치 집단으로 자리 잡게 했다. 그리고 이 집단은 차츰 예루살렘을 중심으로 조금씩 그 영역을 확대해갔다.

앞에서 느헤미야는 '정치적 국경'을 만든 장본인이고, 그 이후 귀환 운동을 이끈 에스라는 율법을 반포하여 '종교적 국경'을 만든 이라고 이야기했다. 그렇게 정치적, 종교적 국경이 구축되어 작동하게 된 새로운 사회는 (전제군주체제가 아니라) 고위급 평신도와 사제가 중심이 되는 귀족과두체제였다. 이 과정에서 가장 빠르게 바뀐 것 중 하나는 '종교의 남성화'다.

과거 군주국 시대의 이사야는 왕과 독대하여 왕의 정치를 비판하기까지 했을 만큼 영향력이 막강한 예언자였는데, 그의 부인도 국가예언자로 활동했다(이사야 8:3). 또 요시야 개혁의 핵심 인사인 훌다는 신으로부터 이 개혁의 최종 인준을 받아내는 이였는데, 그도 여성 예언자였다(열왕기하 22:14). 유대왕국의 절정기에 최소한 2명의 여성이 유력한 예언자로 국정에 관여했다. 한데 유대왕국이 멸망하고(기원전 586년) 한 세기 후, 에스라의 종교개혁이 본격화된 즈음부터 이 지역의 정치가뿐 아니라 종교 지도자 중에서도 여성이 사라졌다.

에스라 종교개혁은 예루살렘에 본거지를 둔 귀환 공동체를 이끈 제사장 에스라가 주도했던 개혁으로, 주로 종교적 정체성을 강조함으로써 북쪽의 사마리아나 서쪽의 암몬 세력권 안에 있던 유대 지방의 시골 대중을 예루살렘 종교권으로 복속시키려는 의도를 가진 것이었다. 이 마을들은 거리상 예루살렘과 가까우니 예루살렘에 복속되는 것이 당연한 일이었지만, 예루살렘에 정착한 귀환 공동체의 힘이 미약한 탓에 그렇게 할 수 없었다. 느헤미야가 통치하던 때에 이르러서야 예루살렘은 유대 지방의 시골에 대한 정치적 통제력을 갖추게 되었다. 그의 후임자인 에스라는 종교적 이데올로기를 통해 그 통치를 더욱 공고히 하려 했던 것이다.

이러한 에스라 종교개혁은 상당히 성공한 것으로 보인다. 왜냐하면 에스라 개혁 이후 유대 사회가 예루살렘 중심체제로 복속되었고, 예루살렘 중심체제에서 에스라 같은 제사장들이 최고 통치자의 역할을 맡았기 때문이다. 마찬가지로 예배의 주도권을 쥔 백성도 남자였다. 에스라 개혁이 성공하면서 중앙성소의 위상이 급격히 강화되었고, 귀환 공동체의 영역도 조금씩 확대되었다. 그렇게 확장된 지방의 성소들은 다시 중앙성소인 예루살렘성소에 귀속되었다. 이렇게 차츰 지방성소와 중앙성소들 간의 대립은 거의 사라지고, 중앙성소가 우위에 서며 중앙과 지방의 연동체제가 구축되었다.

하여 이제 제사장 간 갈등의 축은 중앙성소의 주도권을 둘러싸고 벌어진다. 이때 사독계와 아론계 제사장 계보가 치열한 쟁투를 벌인 주역들이며, 그들의 영향력 아래에서 구축된 제사체제의 흔적이 담긴 문서들 〈역대기상〉 〈역대기하〉 〈에스라〉 〈느헤미야〉 그리고 오경 속의 이른바 'P-자료층Priestly Code'[11]이 편찬된다. 우리가 이 장에서 주목하고 있는 문서인 〈레위기〉는 주로 P-자료층이 집중적으로 나오는 문서로, 아론계 제사장 계보의 문서로 보인다. 아무튼 이들 식민지 시대 제사장들의 문서 속에는 군주제 시대에 간혹 볼 수 있었던[12] 여성 엘리트가 거의 등장하지 않는다. 여성은 아무개의 딸이나 아내로서만 존재할 뿐이다.

'남자와 남자의 동침'은 어디에서 일어나는가

자 이제 정리해보자. 느헤미야-에스라 시대 이후 귀족과두체제로 재편된 유대 귀환 공동체 사회에서 히에로스 가모스 관행은 계속되었고, 종교와 정치 부문에서 여성 엘리트가 사라졌다. 그렇다면 우리는 히에로스 가모스 예배가 어떻게 진행되었을지 다음과 같이 추측해볼 수 있다. 이 가상 결혼식에서 숭배자 대표는 당연히 남자였을 것이고, 그들과 가상 결혼식을 치르는 제사장 또한 남자였을 것이라는 점이다. 즉, 남자와 남자가 거룩한 결혼식의 하이라이트를 장식할 성관계의 중심인물이 될 수밖에 없었다는 것이다.

실제로 〈레위기〉가 만들어지던 헬레니즘 시대 초기는 지중해와 메소포타미아 지역의 문화적 혼합이 전례 없이 매우 활발하던 때인데, 이 혼합을 주도한 것은 그리스 문화였다. 헬레니즘이라는 말도 '그리스'를 뜻하는 '헬렌Ελληνες'에서 유래한다. 이 시기 많은 그리스 문헌들에서는 남성 간 동성애가 가장 권장되는 성적 관계였다. 그런데도 왜 〈레위기〉는 남자와 남자가 동침하면 사형에 처하라고 하는 것일까.

여기서 우리는 히에로스 가모스에 주목해야 한다. 앞서 말했듯 히에로스 가모스는 예루살렘 중심의 야훼 신앙과 뚜렷한 차이가 있었다. 예루살렘예배는 엄숙하게 수행되며 야훼 홀로 숭고해야 한다. 따라서 사람들과의 접촉도 극도로 제한되어 있다. 반면, 히에로스 가모스는 기본적으로 사람들이 신과 어울려서 벌이는 한판의 대동제다. 더구나 그 신은 결혼한 신이다. 신 자신이 이미 다른 신과 혼인관계에 있는 데다가 예배 때마다 숭배자들과 결혼식을 올린다. 예루살렘성전 제사장들의 눈에 이런 예배는 음탕하고 방만하며 타락한 우상숭배처럼 보였을 것이다.

이러한 시선에는 유대 귀환 공동체의 정치공학적 계산도 들어 있다. 히에로스 가모스 같은 선주민들의 토착적 예배 전통은 이웃하는 강력한 정치 세력인 사마리아와 암몬의 예배와 별 차이가 없었다. 해서 사마리아와 암몬의 지도자들이 이 축제 때 거액의 기부금을 내기도 했던 것 같다. 이는 그들이 예루살렘과 유대 지방에 미치는 영향력이 적지 않았다는 것을 의미하기도 한다. 그러므로 이 지역에서 주도권을 장악하기 위해 유대 귀환 공동체 지도자들은 저 토착적 예배 전통을 음란한 우상숭배로 간주하여 척결함으로써 사마리아와 암몬의 영향력을 차단할 필요도 있었다.

요컨대 남자끼리의 성관계를 절대 금하는, 그리고 여자끼리 성관계하는 것에 대해서는 아무런 관심이 없는 텍스트인 〈레위기〉 20장 13절이 겨누고 있는 실제 과녁은 히에로스 가모스 예배였다는 것이다. 즉, 남자끼리의 성관계를 절대 금하는 이 텍스트의 목적은 동성애를 반대하는 데 있다기보다는 히에로스 가모스 예배를 비판하는 데 있다. 이를 통해 사마리아와 암몬의 세력과 연계되어 있는 선주민 엘리트 세력을 거세시키고, 귀환자 중심의 집단이 예루살렘과 유대 지방에 대한 종주권을 주장하려는 데 목적이 있었던 것이다. 그런 점에서 이들의 정치공학적 이데올로기는 이웃 종족들과 혼합되는 것에 경기를 일으키는 '순결주의 정치학'이라고도 할 수 있다.

다시, 배제와 폭력을 돌아보며 출발하기

성서를 문자 그대로 읽는 것이 옳다고 생각하는 이들은 이 구절을 그 문맥 속에서 철저하게 읽는 태도로 이해해야 할 것이다. 그럴 경우 다른 극형 항목들과 달리 유독 이 항목에서만 남성들만을 언급하는 데 의문을 품게 될 것이다. 앞에서 말했듯이 여성을 법적 주체로 간주하지 않았다거나 실수로 누락했을 가능성은 거의 없다. 이 항목을 제외한 모든 항목에서 남성과 여성을 모두 극형 대상으로 명시하고 있기 때문이다. 성서에 대한 문자주의적 독법은 성서 텍스트가 자기 완결적이라는 가정을 전제하고 있는데, 이런 관점은 여기서

위기에 봉착한다. 남성 간의 성관계만을 처형하라는 것에 의문을 품는 데까지 이를 수 있지만 그 이유를 문맥적 이해만으로는 해명할 수 없기 때문이다. 하여 역사적 맥락을 통해 그 문제를 해명하고자 했다. 특히 기원전 3세기 유대 지방의 정치사에 주목함으로써 그 실마리를 찾고자 했다. 사회적, 정치적 맥락을 함께 살피면 그 텍스트 속에는 유대 귀환 공동체 세력이 지역에 대한 주도권을 장악하려는 전략이 담겨 있다는 것이다.

하지만 이것이 성서 해석의 전부일 수는 없다. 여기서 그친다면 우리가 이 텍스트에서 발견하게 되는 것은 유대 귀환 공동체 주체 세력의 정치적 이데올로기가 하느님의 뜻이었다는 황당한 주장일 뿐이다. 혹자는 이것이 역사학적 해석의 한계라고도 주장하고 싶을 것이다. 하지만 그러한 주장은 역사학적 해석에 대한 오해에서 비롯된다. 앞서 내가 폈던 역사학적 해석과정에서 볼 수 있듯이 역사가의 관점은 해석에 지대한 영향을 미친다. 역사적 사실은 '과거'에 관한 것이지만 역사가는 '현재'를 살고 있기 때문이다. 이때 '역사가는 현재를 살고 있다'는 의미에는 동시에 그가 지금 여기서 꿈꾸는 '미래'에 대한 바람이 담겨 있다. 그런 점에서 역사가의 과거에는 미래가 들어 있다. 하여 독일의 역사가 라인하르트 코젤렉Reinhart Koselleck(1923~2006)은 역사를 '지나간 미래Vergangene Zukunft'라고 말했다.

역사가이자 성서 해석자로서 나는 독자에게 '지나간 미래'로서 〈레위기〉 20장 13절에 대한 하나의 해석을 제시했다. 여기서 말하고자 했던 첫 번째 주장은 이 구절이 동성애를 반대한다는 해석은 타당하지 않다는 것이다. 남성끼리 성관계를 한 이들을 처벌하라는 주장 뒤에는 당대의 구 이스라엘왕국 지역과 유대 지방 곳곳에서 횡행하던 히에로스 가모스 예배를 타락한 우상숭배로 간주하고 예루살렘성전의 예배만을 성결한 것으로 보는 순결주의 정치학이 있었다. 유대 귀환 공동체 지배 세력은 유대 지방에 대한 자신들의 헤게모니가 정당하다는 것을 주장하고자 했고, 그 정당성의 근거가 되는 이데올로기가 〈레위기〉 20장 13절에 담겨 있는 것이다. 그런 점에서 이 구절이 동성애를 반대한다는 주장은 페이크 뉴스다.

이 구절이 특정 세력의 순결주의 정치학을 담고 있다는 해석 위에서 두 번째로 말하고 싶은 것은, '그들의 정치학을 넘어서는 정치학'이 필요하다는 문제 제기다. 유대 귀환 공동체의 정치학은 누군가를 이웃이 되지 못하게 하는 '배제의 정치학'을 내포하고 있다. 오늘 우리 시대에는 무수한 국경들이 그어져 있다. 국가와 국가를 가르는 선인 외적 '국경border'만이 아니라, 우리 사회 곳곳에 무수한 '내적 국경'들이 가설되어 있다. 계급의 국경, 성의 국경, 직업의 국경, 각종 (상징) '권력'

들에 의해 구획된 국경 등. 그것들은 끊임없이 누군가를 배제하고, 심지어 그러한 배제가 배제된 이들의 '잘못' 때문이라는 해석 체계들이 만들어지고 있다. 그리고 이러한 해석 체계는 배제된 이들에 대한 사회적인 폭력을 정당화한다. 그것이 바로 내적 국경의 메커니즘이다.

한데 그리스도인들이 이러한 배제의 정치학에 가장 적극적으로 가담하는 사회 집단에 속한다는 점을 우리는 어떻게 이해해야 할까. 성서 구절들에 기반을 둔, 그리스도교가 '사랑의 종교'라느니 '평화의 종교'라느니 하는 주장들은 현실의 대다수 그리스도인들에게 별로 영향력을 미치지 못하고 있다. 오히려 '사랑'이나 '평화'보다 〈레위기〉 20장 13절에 대한 '페이크 뉴스'처럼 '증오와 배제의 종교성'이 그리스도인들의 정체성을 구성하는 데 더 지대한 영향력을 미치고 있는 듯하다. 하여 나는 이 구절이 하느님의 뜻이 아니라 유대 귀환 공동체의 정치적 이데올로기에 지나지 않음을 밝히고자 했다. 그리고 그 이데올로기는 배제의 정치학에 다름 아니다. 내가 밝혀낸 것은 여기까지다.

그렇다면 역사학은 배제의 정치학을 넘어서는 정치학을 말할 수 없는가. 탈식민주의적 역사 해석은 하나의 가능성을 보여준다. 여기서 시도한 정치사적 해석은 그 텍스트를 구성한 주체들의 시각을 해부하는 데 초점이 맞춰져 있다. 하지만 그 텍스트 이면에는 텍스트가 명시적으로 말하지 않은 이들이 희미하게 존재한다. 탈식민주의 역사 해석은 바로 그러한 '희미한 존재'를 중심으로 텍스트를 새롭게 읽어내는 데 중심을 둔다.

　여기서 탈식민주의적 역사 해석을 길게 얘기하는 것은 논지를 넘어서는 것이지만, 〈레위기〉20장 13절에 희미하게 존재하는 '고통당하는 소년'에 주목하면서 새롭게 이 구절을 읽어낼 수도 있지 않을까. 앞서 말했듯이 남성 간의 성관계를 금지하는 것은 당국의 관점에서는 정치적 헤게모니를 장악하려는 조치였다. 그리고 그러한 남성 간 성관계의 주요 장소들은 히에로스 가모스 의례가 벌어지는 지방성소들이었다. 한데 어쩌면, '소년애'를 이상적으로 여겼던 헬레니즘의 영향으로 이 의례의 남성사제로 '소년'이 선택되었을 가능성은 없었을까. 성소 밖에서는 헬레니즘 풍조를 따라 소년애가 보다 성행했을 가능성이 농후하다. 소년애 이데올로기는 말할 것도 없이 성인 남성중심주의의 산물이다. 이때 소년은 그러한 관행의 희생자다. 그렇다면 이때의 히에로스 가모스에는 강자가 약자를 농락하면서 그것을 이데올로기로 정당화하고 포장하는 폭력적 관계가 전제되어 있다. 이는 오늘날 권력 있는 나이든 남성과 어린 여성 간의 성적 관계가 많은 경우 권력관계로부터

자유로울 수 없는 것과 같다.

하여 텍스트 이면에 숨겨져 있을 수 있는 '소년'의 시각에서 〈레위기〉 20장 13절을 다시 읽는다면, 이성애든 동성애든 폭력적 성관계에 대한 하느님의 심판의 메시지로 해석하는 것도 가능하다. 시선의 전환을 통한 해석은 이 텍스트를 '남성 동성 간의 성관계'에 관한 것이 아니라 '권력형 성폭력'에 관한 것으로 읽을 수 있게 한다. 그렇다면 이 텍스트를 읽으면서 주변에서 벌어지는 온갖 권력형 성폭력의 양상들을 비판적으로 이야기하고 성찰하는 기회를 얻을 수도 있을 것이다.

1   여기서 아몬은 단 2년 동안 통치하다 궁중 모반에 의해 살해당했다.
    그러니 다섯 왕 중에 실질적인 군주 역할을 했던 이는 4명뿐이다.

2   예루살렘 인근 지역에서 기원전 8~6세기경에 새로 형성된 것으로
    보이는 주거지 터 수백 개가 발굴되었다. 이 시기 예루살렘 도성의
    크기도 몇 배 이상 확대되었다. 이것을 종합해서 일부 고고학자들은
    이 시기에 예루살렘의 인구가 기원전 10~8세기에 비해 세 배
    이상 증가했다고 추정한다. 이렇게 갑자기 인구가 증가한 이유는
    아시리아의 침공 경로에 있던 국가들의 몰락으로 인한 유민화
    현상과 관련이 있다는 견해가 유력한 것으로 받아들여진다.

3   이스라엘왕국 역사에서 국가 통치에 문서를 활용했음 직한 가장
    이른 시기는 오므리 왕조 시대(기원전 884~873년)일 것이다. 우선
    그 시기는 이스라엘왕국 역사상 국력이 가장 강력한 때였다. 그
    시대에 이스라엘왕국의 예속국으로 조공을 바쳐야 했던 모압국
    군주인 메사가 세운 석비Mesha Stele가 발견되었는데, 1미터 높이의
    이 석비에는 34행 1000자 정도의 글이 새겨져 있다. 예속국가가
    문서 활동을 했다면 오므리 왕조는 문서 활동이 더욱 활발했을
    가능성이 크다. 또한 오므리 왕조 시대에 활동한 반체제 인사인
    엘리야 예언자에 관한 설화가 〈열왕기상〉 17~19장에 수록되어
    있는데, 여기에는 당시 이스라엘국에 수백에서 1000여 명에 달하는
    왕실 예언자 조직이 있었음이 시사되고 있다. 왕실 예언자 관료
    집단의 주요 직무 중 하나가 국가기록이었다는 점을 염두에 둔다면,
    오므리 왕조 시대에 문자활동은 적잖이 활발했을 가능성이 높다.

4   유대계 사회에서는 세 부류의 제사장 그룹이 등장하는데, 레위계,
    아론계, 사독계가 그들이다. 이 중 레위계는 요시야 개혁을
    옹호하는 예루살렘성전과 지방성소의 제사장들을 지칭했을 것
    같다. 하여 요시야 개혁이 실패한 이후 국가를 위기에 빠뜨렸다는
    프레임이 그들에게 덧씌워져 있었던 것으로 보인다(에스겔
    44:10-14). 이러한 혐의는 유대왕국 말기, 요시야 왕을 죽인
    이집트의 파라오 느고가 암하아레츠에 의해 추대된 그의 아들
    여호아하즈를 강제 폐위시키고 그의 형이자 친이집트-친아시리아
    파인 여호야김을 즉위시킨 이후 왕실 제사장들 사이에서
    처음 만들어졌을 가능성이 있다. 이후 유대왕국을 멸망시킨
    바빌로니아가 여호야긴 왕(여호야김의 아들)을 필두로 하는

반바빌로니아 인사들을 강제 유배시킬 때 그들 사이에서 레위인에 대한 증오 담론이 크게 확산되었을 수 있다. 하지만 레위인 책임론을 펴는 프레임이 본격화된 것은 귀환 공동체의 주도권을 둘러싼 제사장 세력 간의 경쟁과 관련되었을 수 있다. 이 시기에 레위인은 제사 직무에서 배제되었고 성전의 허드렛일을 도맡는 이들을 지칭하는 용어로 전용되었다. 반면 〈레위기〉 편찬을 주도한 아론계와 〈에스겔〉 편집을 주도한 사독계 제사장들이 체제의 헤게모니 세력이 되었다.

5 〈느헤미야〉 5장 14절에는 "(느헤미야는) 아닥사스다 왕 20년에 유대 땅 총독으로 임명을 받아서, 아닥사스다 왕 32년까지 12년 동안 총독으로 있었지만"이라고 되어 있다. 페르시아 아케메네스 왕조에서 '아닥사스다'라는 이름을 가진 4명의 황제 중 재위 기간이 32년을 넘는 이는 1세와 2세, 2명으로 좁혀진다. 그리고 〈에스라〉 7장 8절에서 에스라는 "(아닥사스다) 왕이 다스린 지 7년 된 해의 다섯째 달"에 귀환했다고 한다. 재위 기간이 7년이 넘는 아닥사스다는 1세, 2세, 3세다. 그런데 에스라 종교개혁이 효과적으로 수행되려면 정치 군사적 안정이 전제되어야 한다. 그러므로 연대를 추정하면 느헤미야가 아닥사스다 1세 때 귀환했다면 그가 유대 지방의 총독이던 시기는 5세기 초반이고, 2세 때라면 4세기 전반이어야 한다. 에스라가 제사장으로 재직한 시기는 그 직후일 것이다.

6 현대의 학자들이 이 제국을 지칭하는 공식 명칭은 '이집트 제32왕조'다. 하지만 이 왕조의 통치 세력이 헬레니즘 문화권에 속한 인사들이었다는 점에서 이집트의 이전 왕조들과는 구별할 필요가 있다. 하여 이 왕조의 창시자인 프톨레마이오스의 이름을 따서 이 제국을 편의상 프톨레마이오스 제국이라고 부르곤 한다.

7 기원전 3세기 중반, 프톨레마이오스 제국의 제2대 황제인 프톨레마이오스 2세가 건립을 시작한 알렉산드리아 도서관은 고대 사회에서 아시리아의 니느웨 도서관과 함께 가장 규모가 큰 도서관으로 알려져 있다. 특히 니느웨 도서관에 소장된 기록물이 토판에 상형문자를 기록한 문서들인 반면, 알렉산드리아 도서관에는 양피지에 그리스어로 쓴 문서들이 주로 소장되었다는 점에서 주목할 필요가 있다. 국가가 기록물을 위한 막대한 비용을

투자하고 전문성이 필요했던 고대 사회와 달리, 알렉산드리아 도서관의 건립은 지중해 전역에 걸쳐 필사 현상을 야기시킬 수 있었고, 그로 인해 민간 서기관의 등장도 가능해진 것이다.

8 요시야 왕 시절의 왕실 서기관을 '신명기 계열의 서기관'이라고 부른다. 이후 식민지 시절에도 신명기적 편찬 운동이 일어나는데, 이들을 '후기 신명기 계열의 서기관'이라고 부른다.

9 이 시대 유대 귀환 공동체에서 여성이 법적 주체로 간주되지 않은 것은 맞지만, 법적 처벌의 대상일 때는 거의 예외 없이 여성도 포함되었다.

10 고대 메소포타미아에서 '거룩한 결혼' 관행이 있었는지에 대해 1980년대 이후의 세계 여러 성서학자들은 대체로 '증거 부재'라는 관점을 취한다. 이는 기원전 5세기의 그리스 역사가 헤로도토스가 메소포타미아에서 '히에로스 가모스' 관습이 비일비재했다고 비하했던 것에 대한 반론이다. 새번역 성서는 〈호세아〉 4장 14절을 "너희 남자들도 창녀들(1)과 함께 음행을 하고, 창녀들(2)과 함께 희생제사를 드리는데"라고 번역하고 있는데, 여기서 앞의 '창녀(1)'에 해당하는 히브리어는 '조놋트zonoth'이고 뒤의 '창녀(2)'는 '케데사qedeshah'다. 이처럼 히브리어 성서가 구별하여 표기한 것을 한글 성서는 구별하지 않고 있다. 반면, 유력한 영어 번역본들인 NIV와 MEV는 각각 앞의 '창녀(1)'을 'harlots'과 'whores'로 번역하고, 뒤의 '창녀(2)'를 'cult prostitutes'와 'shrine prostitutes'로 구분해 옮기고 있다. '조놋트'와 '케데사' 두 범주의 여성은 모두 성소와 관련되어 있기는 하지만 차이가 있다. 전자가 성소 주위에서 성매매에 종사하는 여성이라면, 후자는 성소에서 제사장으로 일하는 여성을 가리킨다고 보는 게 자연스럽다. 즉, 전자는 '성판매 여성'을 가리키고, 후자는 이른바 '성창聖娼'이라고 비하적으로 지칭하는 것으로, 히에로스 가모스 제의를 수행하는 제사장직의 여성을 가리키는 것으로 보인다. 그러므로 고대 메소포타미아에서 히에로스 가모스 관행이 있었다는 증거가 없다고 보는 여러 학자들과는 달리, 〈호세아〉는 그런 제사가 수행되었다는 것을 전제하고 있다고 보는 게 자연스럽다.

11 〈창세기〉〈출애굽기〉〈레위기〉〈민수기〉〈신명기〉, 이 다섯 권의 두루마리를 고대이스라엘 종교에서는 '토라torah'라고 불렀다.

훗날 이것은 모세가 지은 다섯 권의 두루마리라는 믿음 아래서 '모세오경'이라고도 불리웠다. 근대 성서학계에서 모세 저작설이 무너지면서 그냥 '오경'이라고 부르게도 되었다. 한 가지 근대 성서학계가 발견한 또 다른 가설은 오경이 시대를 달리하는 최소한 4개의 자료층으로 분류되는 편찬 작업의 산물이라는 것이다. J-자료층, E-자료층, D-자료층, 그리고 P-자료층이 그것이다.

12 그러나 이스라엘왕국과 유대왕국이 존속했던 군주제 사회를 여성 엘리트가 있었다는 사실만으로 진보적인 체제였다고 간주해서는 안 된다. 고위급 여성 엘리트가 존재할 수 있었던 것은 왕족과 귀족의 신분제가 너무나 강고했기 때문일 뿐이다. 군주제 시대나 식민지 시대나 여전히 사회는 가부장제가 견고했다.

동성애 문제에서 퀴어 문제로[1]

— 2016년 4.13총선과 반동성애 혐오동맹 출현의 종교정치학

'절대 일인'을 향한 충성에서 '전략적 동맹'으로

2013년 2월 25일 박근혜 정권의 출범은 정계, 재계, 학계, 법조계, 군부 등 한국 사회의 보수적 파워엘리트 집단의 광범위한 네트워크로 구성된 거대 권력연합의 출현을 의미했다. 여기에는 '콘크리트 지지율'이라고 불릴 만큼 확고했던 박근혜 대통령에 대한 대중의 지지도 중요한 역할을 했다. 이 거대한 권력연합은 외형상 과거 박정희 정권처럼 '절대 일인'에게 집중된 권력과 그이를 향한 파워엘리트 그룹들의 충성 경쟁으로 구축된 권위주의적 강권통치가 재현된 것처럼 보였다. 이 '절대 일인'은 국민을 '우리 대 적'으로 양분하고, 다수의 국민을 '우리'의 일원으로 묶어내기 위해 '공포'의 감정을 적극 활용했다. '우리'를 파멸시키려는 '적'이 가공할 세력으로 우리 주변에 사납게 도사리고 있고, 심지어는 '우리' 사이에 슬며시 잠입해 들어온 '(위장한) 내부의 적'이 준동하고 있으므로 한시도 경각심을 늦춰서는 안 된다는 것이다. 나는 이를 '공포 마케팅'이라고 부른 바 있다.[2] 박근혜 정부는 이러한 '증오의 정치'를 처음부터 거의 시종일관 지속시켰다.

박근혜 체제와 박정희 체제는 외형상 유사한 양상을 보이지만 본질적으로는 다르다. 과거 유신통치 시대에 비해 오늘날 한국 사회는 비교할 수 없을 만큼 복잡해졌다. 특히 파워엘리트 집단은 복잡하고 다층적인 계산의 주체들이라는 점에서 상명하복의 단순한 위계질서로 특징지어졌던 박정희 시대와는 질적으로 다르다. 가령, 검찰조직을 구심점으로 하는 법조계의 계급적 충성심이 거대 로펌들의 이익 카르텔을 구심점으로 하는 '전략적 충성심'으로 흡수된 것은 박근혜 대통령을 향한 권력 집단들 간의 충성 경쟁이 생각보다 견고하지 않았다는 것을 시사한다. 그런 점에서 박근혜 정부는 여러 파워엘리트 집단들이 '절대 일인'에게 충성 경쟁을 벌이는 전형적인 권위주의적 체제라기보다는 탈중심적 파워엘리트 간의 전략적 동맹에 의해 구현된 '변형된' 권위주의 체제라고 보는 게 적합하다. 당시 나는 이 '변형된' 권위주의 체제가 '탈중심적 권력 집단의 (전략적) 중심화 프로젝트'의 산물이라는 점에서 잠정적으로 '포스트 권위주의 체제'라고 규정한 바 있다.[3] 그리고 이러한 독특한 체제가 도래할 가능성의 근저에는 '콘크리트 지지율'이라는 '대중의 견고한 지지 현상'이 있다고 보았다. 그런데 박근혜 정권의 실세들은 이 정권을 박정희 체제의 '재구축'으로 오인함으로써, 박근혜 정권의 등장과 더불어 시작된 체제적 실험이 내파implosion되고 말 운명에 놓여 있었다. 실제로 2016년 4.13총선은 그러한 내파의 순간이 극적으로 다가왔음을 보여주었다. 누구도 그런 상황을 예상하지 못했을 만큼 그 순간은 극적이었다.

기독자유당의 등장과 혐오주의의 부상

4.13총선 40일 전인 2016년 3월 3일, 기독자유당이 창당되었다. 개신교 보수 세력의 독자정당 역사는 한사랑선교회 대표였던 김한식이 1997년 창당한 '바른나라 정치연합'으로 시작된 이래 창당과 합당, 사멸을 반복해왔다. 기독정당을 표방하는 정치 세력은 많지만 '반공'적 기독교 국가를 강조했다는 점에서 정당들 사이에는 별반 차이가 없었다. 또한 개신교 보수주의적 성직자들이 정당을 주도한다는 점에서만 특이할 뿐, 정치적 지향의 관점에서 보면 다른 보수정당들과도 별 차이가 없었다.

한데 2016년 창당한 기독자유당은 좀 특별한 점이 있었다. 여전히 '반공'을 강조한다는 점에선 이전의 기독정당들과 대동소이하지만, 이 한물간 '증오의 정치' 이슈보다는 '반동성애'라는 신상품에 과몰입한다는 점에서 보수정당의 새로운 지형을 개척한 것이다. 동성애뿐만 아니라 난민과 임신중절 이슈도 강력히 쟁점화했다. 그런 점에서 '탈이념시대의 증오'를 정치화한 극우정당의 탄생이라고 평가할 수도 있겠다.

2013년 탄생한 박근혜 정권도 극우적 성격을 지녔지만 '반공'에 과몰입해 '낡은 극우'의 이미지를 벗을 수 없었던 반면, 기독자유당은 최소한 정치 의제의 차원에서만큼은 극우주의가 동시대성을 갖추기 시작했다는 것을 보여주었다. 물론 기독자유당은, 뒤에서 좀 더 충분히 얘기하겠지만, 정당으로 살아남기에는 너무 어설픈 정치 집단이었다. 해서 2019년 시점에서 보면 명목은 존재하지만 사실상 사라진 것이나 진배없었고, 2020년에는 '기독자유통일당'으로 당명을 바꾸었다. 이는 한국의 기독정당 역사에서 반복적으로 일어난 일이기도 하다. 내용에선 별로 바뀐 게 없는데도 마치 새롭게 탄생한 것처럼 당명을 바꿔왔던 것이다. 필시 다음 총선 때도 복잡한 이합집산 현상을 통해 새로운 당명으로 재출범할 가능성이 농후하다. 하지만 그들이 정치적 의제로 제기했던 반동성애, 반이슬람, 반낙태 등의 극우적인 혐오주의 담론은 최근의 극우주의 지형에서 폭넓게 공유되고 있으며, 2019년에는 황교안 체제 하의 제1야당인 자유한국당의 기조에도 강한 영향을 미쳤다.[4]

다시 2016년 4.13총선으로 돌아가면 당시 박근혜 정권의 충격적인 패배는 그해 10월부터 본격화된 '촛불정치' 국면으로 이어졌고, 이듬해인 2017년 3월 10일 박근혜 대통령 탄핵으로 귀결되었다. 그 직전인 2월 13

일, 새누리당은 자유한국당으로 당명을 바꾸었는데, 이는 탄핵에 대한 내부 의견 차이로 비박계 의원들 다수가 집단 탈당한 뒤 친박계 의원 중심의 개명이었다는 점에서 탄핵 반대 전선 구축의 의미를 지니기도 했다.

한편, 기독자유당은 4.13총선 이후 유명무실한 상황으로 추락했다. 노무현 대통령이 취임하던 2003년, 개신교 보수 대연합의 중심 역할을 했던 한국기독교총연합회(이하 '한기총')도 추락을 거듭하다 2019년 1월 29일 전광훈이 대표회장으로 당선되는 것을 계기로 개신교 보수 진영에서조차 대표성을 완전히 상실했다. 전광훈은 사실상 실패로 귀결된 기독자유당을 주도했던 인물이고, 한국 사회의 극우주의를 추동해온 인물이다. 또한 당시 자유한국당의 극우화 경향에도 적잖은 영향을 미친 것으로 보인다.[5]

한기총이 내세우는 어젠다 가운데 가장 확장성이 큰 것이 '반동성애' 이슈다. 2017년 4월 25일 대선후보 초청 4차 토론회 당시 홍준표 자유한국당 후보가 문재인 더불어민주당 후보로 하여금 '동성애에 반대한다' '동성애를 좋아하지 않는다'라고 말하게끔 유도한 것은 '동성애' 문제가 정치에서 여전히 중도층을 보수와 접맥시키는 요소라는 인식이 뿌리 깊게 자리 잡고 있음을 의미한다. 한데 홍준표 후보에게 그 질문을 하라고 권한 이가 전광훈이었다.[6] 그만큼 한기총은 한국 사회에서 반동성애 담론의 중심에 있었고, 이는 한기총의 위상이 크게 실추되고 있는 상황에서조차 한기총의 존재감을 유지시키는 요소로 작용했다.

하여 한기총은 단체가 설립된 1989년 이래 항상 견지해오던 증오의 정치의 중심을 '반공'에서 '반동성애'로 전환했다. 그 전환점은 2016년 4.13총선을 위해 창당한 기독자유당의 등장과 관련이 있다. 즉, 4.13총선은 반동성애를 중심으로 하는 혐오의 정치가 본격적으로 등장한 출발점이라고 할 수 있다. 그런 점에서 이 글은 2016년 4.13총선에 주목하면서 한국 사회에서 성소수자, 특히 반동성애가 개신교 극우파에 의해 어떻게 담론화되고 있는지, 그것의 파급 효과는 어떠한지에 대해 살펴보려 한다. 이는 최근 한국 사회의 극우화 현상을 이해하는 데도 중요한 실마리가 될 것이다.

박근혜 정부와 콘크리트 지지율

박근혜 정부의 가장 중요한 권력 기반은 이른바 '콘크리트 지지율'이었다. 수많은 보수적 파워엘리트들이 표면상 박근혜를 중심으로 결속된 것처럼 보인 것은 그가 확장된 보수주의적 지지 세력을 유지할 수 있는 능력을 보여주었기 때문이다. 그리고 이는 '콘크리트 지지율'이라는 견고한 지지 기반을 갖고 있었기에 가능했다.

'콘크리트 지지율'을 좀 더 세밀하게 살펴볼 필요가 있다. 박근혜 정권의 지지자들은 크게 네 층위로 나누어 살펴볼 수 있다. (1)서울의 강남 지역과 그 인근 신도시들의 중상위계층, (2)TK(대구-경북)+PK(부산-경남) 지역주의로 포섭되는 이들, (3)극우주의자들(개신교계+비개신교계), (4)(빈곤) 노년층. 박정희 정권 이후 과잉 성장한 강남과 인근 신도시들은 주로 토지로 인한 막대한 초과이윤으로 빠르게 중상위계층으로 부상한 이들의 집단 거주지로 발전하였다. 이후 이 지역은 성장지상주의 계보를 잇는 정권의 확고한 지지 세력으로 자리 잡았다. 이들이 앞에서 언급한 첫 번째 범주의 지지 세력이다. 두 번째 'TK+PK' 지지 현상은 박정희 정권이 김대중을 견제하기 위해 활용한 선거 어젠다가 차등적 지역분할 정책으로 체계화되면서 나타난 지역주의의 산물이다. 그런 점에서 이 두 층위는 박근혜 정부만의 특별한 지지 세력은 아니었다. 즉 (1)과 (2)의 두 범주는 박근혜 현상의 고유 변수로 볼 수 없다.

세 번째 층위인 극우주의 세력도 거의 언제나 보수정권을 열렬히 지지해온 세력이라는 점에서 앞의 두 범주와 별반 다르지 않다. '1987년 체제'[7] 이후 극우주의 세력은 항상 보수적 권력연합의 일원이었지만 그 중심적 위상에 있지는 못하였다. 한데 기업가적 실용성을 기치로 내걸며 탄생한 정부였던 'MB 정권'이 2010년 천안함 사건 이후 이념 프레임에 포박되어 집권 기간 내내 강경보수 성향의 정치에 몰두하게 되는 과정에서 군부와 국가정보원이 재정치화되고,[8] 종합편성채널들이 생존 경쟁을 위해 값싼 '종북 마케팅'에 열을 올리면서 극우주의 세력이 부상하였다. 그리고 이보다 앞서서 한기총을 필두로 하여 극우반공주의적 시민단체가 매우 활발하게 활동하기 시작했다. 그러다 2012년 대선에서 당시 박근혜 새누리당 후보의 선거 전략으로 종북 프레임이 매우 적극적으로 활용되며 극우주의적 엘리트들은 권력연합을 추동하는 세력으로 부상하게 된다. 박근혜 정부는 집권 내내 초강성의 종북 마케팅에 치중했고, 이는 극우주의자들이 계속해서 주도권을 쥐는 상황을 만들어냈다. 하여 극우주의자들은 박근혜 정부의 더욱 열렬한 지지 세력이 되었다고 할 수 있다.

마지막으로 (빈곤) 노년층의 지지는 거의 일방적이라고 할 수 있는데, 여기에는 '박정희에 대한 메시아적 기대'가 기반이 된 것 같다. 노년층만큼은 아니더라도 저학력 저소득층 유권자들이 박근혜 정부를 지지했던 것에 대해서도 대체로 유사한 설명이 가능하다. 오늘의 한국 사회에서 과거보다 더 깊은 절망의 수렁으로 빠진 이들에게 반전의 가능성은 거의 막혀버렸고, 이는 앞으로에 대한 상상에도 마찬가지로 적용되었다. 이런 상황에서 많은 사람들은 종교를 갈망하게 되는데, 이때 빈곤 노년층이 그 세대 특유의 집단 체험을 회상하게 되면서 박정희 메시아니즘이 불타오르게 된 것이다. 여기서 주목할 것은 1997년 김정렴, 조갑제, 이인화 등 극우주의적 예언자들에 의해 발명된 박정희 메시아니즘의 서사화다. 이후 이것은 박정희 메시아 담론으로 부상하여 박정희 시대를 체험하지 못한 세대에게까지 그 메시아니즘이 확산되게 했다. 그러다 MB 정권을 거치면서 절망의 정도가 한계에 다다랐을 때, 가장 극한의 절망 속에 허덕이는 빈곤 노년층과 저학력 저소득층 사이에서 너무나 아비를 닮은, 박정희의 딸이 새로운 메시아로 떠오른 것이다.[9]

이 같은 (3)과 (4) 두 범주는 박근혜를 향한 비상한 대중적 지지 현상의 주된 분석 대상이다. (3) 범주는 정권의 극우주의적 정치와 관련이 있고, (4) 범주는 메시아를 향한 대중의 갈망과 관련이 있다. 카리스마적 '절대 일인'에 의한 극우적이고 반민주적인 일방주의 정치는 바로 이러한 대중적 지지와 상호 관련되어 있었으며 이는 곧 콘크리트 지지 현상을 추동한 요소이기도 했다. 권력연합을 구성하는 집단들은 박근혜 정부의 콘크리트 지지율을 의식해 본질적으로는 탈중심적임에도 표면상 '절대 일인'에 대한 충성 경쟁을 하는 것처럼 보이는 '가짜' 권위주의적 동맹을 작동시켰다.

신기루처럼 사라진 콘크리트 지지율, 그리고 내파

그런데 2016년 4.13총선은 아무도 예상하지 못한 여소야대 정국을 만들어냈다. 박근혜 정권이 다양한 권력 집단의 구심력을 유지할 수 있었던 거의 유일한 요소인 높은 '콘크리트 지지율' 현상이 신기루처럼 사라진 것이다. 이 같은 총선 결과는 회복을 시도할 틈도 없이, 각 세력이 우왕좌왕하며 독자적 생존 게임에 돌입하게 되는 결정적 계기가 되었다. 여기서는 앞에서 언급한 지지 범주들 중 특별히 개신교와 관련이 깊은 두 범주의 내파, 즉 극우주의와 메시아를 향한 갈망을 바탕으로 했던 지지의 내파 양상과 맥락들을 살펴보겠다.

기독자유당의 성공을 열망한 극우주의적 내파

2016년 4.13총선에 참여한 25개 정당 가운데 개신교계 정당은 2개였다. 두 정당 모두 반공, 반동성애, 반이슬람 기조를 강하게 드러내었다. 특히 상대적 다수파인 기독자유당은 반동성애 이슈에 사활을 걸고 있었다. 주요 관계자들 모두가 반동성애 관련 발언을 강하게 외쳤으며 비례대표 후보 10명 중 실무 전문가도 반동성애적 의료단체의 전문위원으로 있는 3번 후보 1명뿐이었다. 총선 결과에 따르면 기독자유당은 2.63퍼센트의 득표율을 기록했다. 이는 역대 기독정당 중 가장 높은 득표율이었으며 선거에 참여했던 25개 정당 중 다섯 번째로 높은 득표율이었다. 0.54퍼센트의 득표율을 기록한 기독민주당의 표를 산술적으로 합산하면 두 기독정당의 득표율 합계는 3.17퍼센트였다. 이 득표율이라면 비례대표 1석을 얻을 수도 있었다.

하지만 당시 기독자유당 관계자들은 애초에 4.13 총선에서만큼은 이제까지의 어느 기독정당보다 큰 성공을 이룩할 것으로 기대했었다. 그도 그럴 것이 개신교계 유력한 지도자들이 대거 적극적인 지지를 표명했기 때문이다. 특히 여의도순복음교회 이영훈 목사가 적극 지지를 표명하며, 그가 총회장으로 있는 교단에서는 전국 소속 교회들의 신도 160만 명의 지지를 위한 캠페인을 벌이기로 결의했다. 윤석전 목사(연세중앙교회)처럼 교인들에 대한 장악력이 높은 대형교회 목사들, 장경동 목사(대전중문교회)처럼 전국적으로 영향력 있는 교회 지도자들도 적극적 지지 의사를 표했다. 여기에 새천년민주당 원내수석부대표를 역임했으며 당시 더불어민주당 소속 국회의원이었던 이윤석이 소속 정당을 탈당해 기독자유당에 입당하기까지 했다.

그러나 결과는 참담했다. 기독자유당은 지역의원은 고사하고 비례대표 1석도 얻지 못했고, 반동성애 이슈가 가장 잘 통할 것 같았던 수도권에서의 득표율도 매우 저조했다. 가장 많은 표를 받은 곳은 경상북도였는데, 이는 당시 새누리당 지지 이탈자 중 개신교 신자 일부가 기독자유당을 선택한 결과로 추정된다.[10] 보수 성향의 유권자들이 새누리당에서 이탈했을 때 다른 선택지가 없었던 탓이다. 아무튼 기독자유당의 부진은 전국적인 현상이었고, 이 당이 사활을 걸었던 이슈는 유권자들에게 거의 먹혀들지 않았다. 새누리당에서 이탈한 개신교 신자들 중 일부의 지지가 득표율의 가장 큰 요인으로 보인다. 다시 말해 기독자유당은 이전까지의 어떤 기독정당보다 많은 유권자들의 지지를 얻어냈지만, 그것은 집권 여당의 응집력이 극도로 이완된 당시의 특수한 정세에 따른 것으로, 확장 가능성이 없는 지지였다.

동성애 혐오와 개신교 독자정당의 명분

기독자유당은 극우정당이다. 당시 박근혜 정부도 극우주의적 권력연합이었다. 그렇다면 왜 개신교 극우주의 세력은 박근혜 정부하의 여당이었던 새누리당에 참여하지 않고 독자적인 정당을 만들어야 했을까? 말할 것도 없다. 기독자유당은 2004년 조용기, 김준곤 등이 주도한 한국기독당을 계승하며 2008년 기독사랑실천당, 2012년 기독자유민주당을 이끌었던 전광훈 목사가 주도하는 당이다. 즉, 2004년 이래 기독정당을 추진해온 일단의 세력은 보수주의적 권력연합에 동참하지 않는 독자정당 노선을 고수해왔다.

그러나 앞서 말했듯이 이전의 기독정당들이 공히 주장했던 핵심 논지는 강경 반북노선에 초점이 맞춰져 있었다. 이 점에서는 기독자유당도 다르지 않다. 다만, 기독자유당은 이전의 정당들이 전혀, 혹은 거의 주목하지 않았던 반동성애를 핵심 어젠다로 부각시켰다. 이는 기독민주당도 다르지 않았지만 기독민주당의 구심력이 너무 낮은 탓에 기독자유당만 보였을 뿐이다. 아무튼 2012년 이전과 달리 2016년의 기독정당들이 기대한 것은 '동성애 혐오동맹'을 기반으로 하는 독자적 정치 세력의 형성이었다.

기독자유당이 도모했던 동성애 혐오동맹의 구성 범주는 다음과 같을 것이다. (1)기독자유당 (2)개신교 교회들 (3)개신교계 반동성애 활동조직 (4)비개신교계 반동성애 시민단체. 이러한 구성 범주는 박근혜 정부와 새누리당이 주도하는 극우주의 권력연합에서 이탈해

독자적인 정치 세력화를 추진하는 그들의 주요 명분이 반동성애 활동에 있다고 보았기 때문이다. 해서 개신교가 중심이 되는 새로운 정치를 통해 반동성애 운동을 실현해야 한다고 주장했던 것이다.

실제로 개신교계 반동성애 세력은 차별금지법, 학생인권조례, 동성애 관련 문화콘텐츠, 군대 내 동성애 문제를 둘러싼 논쟁 등에서 보수적 정부나 지방자치단체보다 훨씬 더 극단적인 입장을 일관되게 표명해왔다. 심지어 동성애자를 강제 구금하거나 치료해야 하며 실형에 처해야 한다는 주장을 펴기도 했다. 바로 이 지점에서 어떤 정치 세력과도 구별되는, 기존의 극우주의 정당과도 차별화되는 분리주의적 태도를 취하고 있는 것이다. 이러한 동성애 혐오동맹의 논리야말로 가장 선명한 개신교 독자정당의 명분이 될 수 있었다.

개신교의 독자정당 추진 세력들을 늘 괴롭혀온 논리가 있다. 양당체제로 분할된 정치 구도 아래서는 보수주의적 권력연합에 참여하는 것이 대의라는 것이다. 그러한 대의는 장로 출신 대통령이 통치하는 정부나 극우주의 성향의 정부일 때 더욱 강력한 흡인력을 지녔다. 그런 점에서 반이슬람과 반동성애는 어떤 보수정권의 흡인력에도 포괄될 수 없는 기독정당만의 독자적인 상품일 수 있다. 왜냐하면 앞에서 이야기한 혐오동맹의 구성 범주들 중 '(2)개신교 교회들 (3)개신교계 활동조직 (4)비개신교계 반동성애 시민단체'의 차원에서 반동성애는 뿌리 깊은 혐오를 바탕으로 강력한 지지 기반이 있기 때문이다. 그것이 기독정당들로 하여금 반동성애를 가장 중요한 정치 어젠다로 부각시키게 하는 결정적 이유라고 판단된다.

다시 말해 기독자유당의 반동성애적 어젠다는 독자정당을 위한 전략적 요소다. 물론 정당 추진 주체들은 정치공학적 계산에 의한 전략적 선택이 아니라 진리에 대한 확고부동한 신념의 소산이라고 생각할 것이다. 그러나 그런 생각은 진화발생생물학적 '자기기만 self-deception' 행위에 해당한다고 본다.[11] 2016년 4.13총선 이전까지 그이들의 신앙이나 신념에서 동성애는 그다지 큰 관심의 대상도 아니었을 것이다. 그런데도 그들은 마치 그 문제를 처음부터 심각하게 직시해왔으며, 그만큼 동성애 문제가 신앙의 본질적인 문제인 것처럼 주장한다. 즉, 동성애 혐오동맹은 전략적인 선택을 신앙으로 합리화하려는 자기기만의 산물에 다름 아니다.

왜 하필 동성애 혐오인가

그렇다면 사회적으로 많은 이슈들 중에서 왜 하필 '동성애 혐오'가 이들의 자기기만 도구로 선택된 것일까? 앞서 말한 대로, 반동성애야말로 이명박 정부-한나라당이나 박근혜 정부-새누리당과 자신들을 차별화하기에 유용하고, 대중을 자신들의 특화된 논점의 장으로 유인하기에 적합하기 때문이다.

하지만 그것으로 충분하지는 않다. 왜냐하면 그러한 선택지가 애초에 존재하지 않거나 논리적 서사가 바탕이 되지 않는다면, 즉 맨땅에 머리 박기 같은 밑도 끝도 없는 '너무나 창의적인 발상'이라면 자기기만도 불가능하기 때문이다. 자기기만은 대개 그런 상상력이 가능한 환경과 문화의 기반 위에서 등장한다. 기독자유당 추진 세력의 상상력은 이미 활발하게 반동성애 운동을 벌여온 개신교계 활동조직들과 교회의 대중들이 구축한 반동성애적 담론 환경의 토대 위에서 가능했다. 반동성애가 미국 개신교 극우주의자들에게서 유래하였다는 사실은 이런 담론 환경에 강한 공신력을 부여했다. 미국 개신교 극우주의자들이 반동성애 이슈를 정치화한 시점은 1980년, 대통령으로 당선된 로널드 레이건의 선거연합 때였다. 이후 반동성애는 부시George H. W. Bush와 아들 부시George W. Bush에 이르기까지 강경 보수 성향의 대통령을 지지했던 미국 개신교 우파의 전유물이었다. 이 같은 미국 개신교 우파의 정치 어젠다가 수입, 활용된 것은 기독정당 추진을 주도한 개신교 일부 지도자들이 갖고 있던 미국 개신교 극우주의자들에 대한 지

나친 신뢰 혹은 예속의식과도 관련이 있다.[12]

중간 범주의 이탈

앞에서 나는 개신교 극우주의자들의 독자정당이 거둔 성과가 주로 새누리당과 박근혜 정부의 구심력이 와해된 것과 관련이 있다고 주장했다. 하지만 극우주의적 내파가 기독자유당과 개신교 극우주의의 성공으로 귀결되지 않았다는 점에 주목해야 한다. 가령, 기독자유당식 동성애 혐오주의에 동조하기를 꺼리는 이는 극우주의 성향을 가지고 있고 동성애에 우호적이지 않은 기독교도라고 하더라도 기독자유당이 주도하는 동성애 혐오동맹에 참여하지 않았다는 것이다. 이는 앞서 이야기한 기독자유당이 가진 지지율 확장성의 한계와도 관련이 있지만 내파의 다른 범주, 즉 중간 범주의 내파에 대한 논의와도 연관이 있다.

2016년 4.13총선에서 뚜렷하게 나타난 결과 중 하나는 '중간 범주의 등장'일 것이다. 정치제도는 양당제를 강화하는 방향으로 구축되었는데, 4.13총선에서 국민들의 표는 그것에 저항했다. 그리고 양당제는 크게 흔들렸다. 이때 주목할 것은 새누리당과 더불어민주당의 양당 구조가 흔들린 결과가 그 왼편과 오른편 정치 세력의 강화가 아닌 중간 범주의 뚜렷한 대두로 나타났다는 점이었다.

2008년 이명박 정부가 출범했을 때 정권을 구성한 주요 요소 중 하나는 이른바 '선진화'라는 중간 범주의 담론적 실체였다. 그리고 2013년 박근혜 정부가 출범할 당시 강력하게 작용했던 요소 중 하나는 '경제민주화와 복지'를 내건 '중간 범주'적 문제틀이었다. 그러나 이 중간적 요소는 이명박-박근혜 두 정권 내내 거의 영향력을 미치지 못했다. 한데 2016년 새누리당의 내파를 가장 극명하게 보여준 것은 수도권 중심의 중간 범주 이탈이었다.

산업화와 민주화, 이 두 요소는 1987년 이후 한국 사회의 정치적 제도를 양분하는 이데올로기적 축이었다. 이후 어느 정치 세력도 두 축을 전제하지 않고는 존립할 수 없었다. 또한 어느 정치 세력도 이 두 축 밖에서 대두할 수 없었다. 그런데 박근혜 정부는 초강성 반공주의를 내세우면서 1987년 이후의 이데올로기적 양축을 해체하고 그 이전으로 회귀하고자 했다. 그런 점에서 이 극우주의 정권은 합법적 체제라기보다는 유신체제나 신군부체제 같은 '법 위의' 카리스마적 체제에 가까웠다. 박근혜 정권-새누리당의 내파를 뚜렷이 보여준 2016년의 현상은 양당제 복권으로의 기조도 있었지만, 양당제 해체를 향한 기조가 더욱 두드러지게 나타났다. 이때 중간 범주를 반영하는 정치적 슬로건은 '정치의 도덕화'였다.

정치의 도덕화와 '강남 좌파'

서울 강남권과 인근 신도시들에서 중상위계층이 대두하게 된 가장 중요한 요소는 지대의 급격한 상승이었다. 전후 한국에서 1961년을 정점으로 하는 1955년부터 1963년까지, 그리고 1972년을 정점으로 하는 1968년부터 1974년까지 두 번의 베이비붐이 있었고, 이 두 베이비붐 세대가 40대를 넘어서고 60대 초입에 들어선 현재, 인구 구성이나 자산 능력에서 이 세대는 정치의 도덕화를 이끈 주요 세력이다. 이 세대는 공교육이 체계적으로 작동하던 시기에 학창 시절을 보냈고, 어린 시절부터 비약적인 경제 성장을 체험했으며, 반독재 민주화 운동의 기조가 가장 강력하던 시절에 청년기를 보냈다. 이들은 기성세대에 진입할 무렵 민주적 정권 교체를 경험했다. 이들은 청년기에 소비자본주의를 체험한 세대였고, 지구화의 주역으로 소비자본주의적 문화를 현장에서 제도화하고 구축한 주역이기도 했다. 무엇보다 초고속 경제 성장과 민주화 체험은 이 세대 전체의 일생에 영향을 미치는 세대적인 집단기억의

코드라고 할 수 있다.[13]

그러나 이처럼 청소년기와 청년기에 형성된 세대적인 집단기억의 코드가 구체적인 삶의 스타일이나 문화적 양식, 정치적 태도에 대한 집단적 행위 양식으로 구체화되어 표현되는 데는 여러 변수들이 작용한다. 그 변수들 중 내가 주목하는 것은 '강남'이라는, 사회문화적 삶들이 교차하고 실행되는 현장이다. 가령, 강남에서의 막대한 토지 초과이윤에 기반을 두고 등장한 중상위계층은 이후 한국 사회에서 경제력뿐만 아니라 각종 사회적 자본과 상징 자본을 독과점했다. 이때 '강남'은 '그들끼리'의 사회적 교류의 장이었다. 이 지역을 매개로 이들의 자녀는 양질의 교육, 결혼, 직업의 기회를 누리며 이른바 '품격 있는 시민'이 되기 위한 조건을 갖추어갔다. 또한 소비 사회의 모던적 문화공간이라는 관점에서 '강남'을 해석할 때, '모던 공간 강남'은 한편에서는 게걸스런 소비 욕망을 충족시켜주는 장소로써 소비되었지만, 다른 한편에서는 성찰적 소비문화의 장소이기도 했다. 이때 부상한 용어가 '웰빙'이다.

웰빙문화는 그 영향력이 점점 확대되었고, 정치 영역에까지 영향을 미쳤다. 선진화니 경제민주화니 강남 좌파니 하는 담론 현상은 바로 이 웰빙문화의 흔적들이다. 그런 맥락에서 제기된 논의들은 제도정치화되는 과정에서 중간 범주의 정치 이슈로 부상했다. 그것이 바로 '정치의 도덕화'다.

대형교회와 웰빙 신앙

그런데 이러한 사회문화적 현장을 좀 더 자세히 살펴보면 '서울 강남권의 대형교회'가 주목된다. 한국 사회에서 대형교회는 1970~1980년대 전국의 대도시 지역과 그 인근에서, 그리고 1990년대 이후에는 서울 강남과 분당 지역에서 대대적으로 탄생했다. 특히 기존의 중소형교회가 교회당의 대대적인 (재)건축을 통해 대형교회로 성장했다. 일반적으로 같은 규모의 건물보다 교회당의 건축은 훨씬 더 많은 비용이 필요한데, 1990년대 이후 대형교회의 교회당 양식이 예배당 중심에서 복합종교타운 형식으로 전환되며 대형교회의 건축비는 더욱 급상승하였다. 이러한 건축비를 충당하는 데는 강남권 지대의 급상승이 한몫하였다.

강남권 대형교회는 특정 지역 특정 계층의 사람들이 어린 시절부터 수십 년 동안, 아니 태어날 때부터 죽을 때까지 적어도 주 1회 이상 공식적 모임을 갖고, 그밖의 공식적 비공식적 회합과 교류가 무수히 일어나는 장소다. 한국 사회에서 이와 비견할 만한 다른 장소를 찾아보기도 어렵다. 대형교회에 유독 더 주목하는 것은 대형교회에서는 중소형교회와 비교할 수 없을 만큼 엄청난 사회적인 자원의 교류가 발생하기 때문이다. 한데 이러한 교류의 장field인 강남권 대형교회에서 일어나는 고급화된 사회문화적 담론은 그리스도교 신앙을 매개로 한다. 그런 점에서 나는 이곳에서 발생하는 사회문화적 담론 현상을 '웰빙 신앙'이라고 부르고자 한다.

계몽적 보수주의, 웰빙보수주의의 사회화

웰빙 신앙은 기본적으로 '보수주의적'이다. 이유는 그 장소가 한국의 교회이기 때문이다. 여기서 길게 얘기할 수는 없지만, 한국 교회의 절대다수는 '서북주의'를 통해 신앙의 주체화가 노정되었다.[14] 서북주의는 종교문화적으로 근본주의적이고, 정치적으로 극우주의 친화적이다. 이것은 목회자 양성과정에서 가장 잘 나타나며, 특히 대형교회 목회자에게서 더욱 뚜렷하게 드러난다.

다소 극단적으로 단순화해 말하자면 서북주의는 (대형)교회 목회자들의 사회문화적 삶의 양식이라고 얘기할 수 있다. 문제는 강남권 대형교회 신자들의 사회문화적 삶의 양식인 '웰빙 신앙'과 목회자들의 '서북주의 신앙'(근본주의적이고 극우주의적인 신앙)이 기본적으로 잘 어울리지 않는다는 데 있다. 하지만 타협과 협상의 전문가들인 대형교회 목회자들과 사회적으로 성공한 중상위계층의 엘리트 교인들은 서로 충돌하며 이념투쟁을 벌이기보다는 공존하는 쪽을 택했다. 한국 사회에서 가장 잘 형성된 중상위계층의 사회문화적 교류의 장이자 목회자에게 가장 양질의 사역지인 대형교회를 어느 누구도 투쟁의 장소로 만신창이가 되게 하고 싶지 않았겠다. 해서 그들은 서로를 간섭하지 않기로 했다. 교회 '안'에서는 화해하고 공존하며, '밖'에서는 각자 자신의 신앙적 양식을 정치화하는 일에 일익을 담당하고 있다. 바로 이런 맥락에서 웰빙 신앙의 정치화를 도모하는 엘리트 신자들이 점점 더 많아지고 있고, 2016년 4.13총선은 양적으로도 질적으로도 뚜렷한 성과를 이룩했다. 나는 이 같은 웰빙 신앙의 정치적 어젠다를 '정치의 도덕화'라고 불렀다. 이때 웰빙보수주의적 신앙의 주역이 '계몽적 보수주의'로 사회화되었다고 본 것이다.

하지만 이런 유의 웰빙보수주의가 정치의 장에서 성공하지는 못하고 있다. 2016년 4.13총선 이후 잠시 바람을 일으키기는 했지만, 이른바 포괄정당을 추구했던 정당(당시 바른미래당)은 사실상 실패했다. 하여 현재 웰빙보수주의적 유권자 중 일부가 더불어민주당에 흡수되기는 했지만, 많은 이들이 갈 길을 잃은 채 '부유하는 중간 범주'로 남아 있다. 웰빙보수주의의 계몽적 보수주의로의 전환, 그러한 유의 중간 범주를 정치화하는 것이 향후 선거 때마다 계속해서 중요한 변수로 작용할 것으로 보인다.

계몽적 보수주의와 동성애

2016년 4.13총선 이후 급부상한 한국 정치의 중간 범주적 주체인 계몽적 보수주의자들의 가장 중요한 제도적이고 담론적인 장은 강남권 대형교회다. 동시에 대형교회는 목회자들의 서북주의적 신앙의 장이기도 하다. 이 양자 간의 신사협정으로 교회 내부는 평온을 유지하고 있다.

한데 최근 개신교회들의 위기는 점점 목사들, 그리고 비슷한 극우주의 성향의 장로들을 초조하게 만들고 있는 듯하다. 개신교회를 바라보는 시민 사회의 시각은 점점 더 부정적으로 변해가고, 교회나 목회자에 대한 교인들의 충성심도 크게 이완되었다. 신자 공동체 내부의 결속력과 대외적 공신력의 위기에 직면한 개신교회들은 그 초조함이 반영된 실천으로 크게 세 가지 행보를 보였다. 한국 사회 내부에서의 위기를 외적 팽창주의로 전환시키려는 선교 열풍, 미국 극우주의자들에게서 유래한 성장주의 신학인 번영 신학 열풍, 그리고 정치 세력화가 그것이다.[15] 이 중 마지막 정치 세력화 시도는 미국의 (신)복음주의 우파 세력의 모델을 차용하면서 나타났고 이때 미국식 '정치의 도덕화' 전략이 수입되었다. 이것은 한국의 웰빙적 정치 담론으로서의 '정치의 도덕화'와는 달리, 근본주의적 정치 담론으로서의 '정치의 도덕화'다. 앞에서 자기기만의 양상이라고 보았던 반동성애 이슈가 대표적 사례다. 즉, 종교의 위기를 타개하려는 초조함의 반영으로 개신교회들은 미국발 '정치의 도덕화' 전략을 수입했고, 그중에서도 반동성애 이슈를 가장 적극적으로 활용하였다.

많은 목사들이 기독교의 정치 세력화를 도모하는 과정에서 신자들을 정치적으로 동원하고자 했다. MB정권이 탄생하는 과정이나 박근혜 정부가 반공주의적 공포정치를 펼치는 과정에서도 많은 목사들이 신자들을 동원하려 했다. 이러한 활동은 2016년 4.13총선 이전까지는 신자들의 이반離反을 불러일으키지 않았다. 그러나 2016년 4.13총선에서는 달랐다. 많은 목사들은 이번에도 공공연히 박근혜 대통령과 새누리당을 지지하는 발언을 했고, 또 다른 목사들은 독자정당을 지지해줄 것을 요청했다. 이때 독자정당의 필요성을 설득하는 맥락에서 반동성애 이슈를 적극적으로 활용했는데, 그것이 전혀 통하지 않은 것이다. 신자들은 새누리당도

독자정당도 아닌 제3의 지대로, 특히 중간 범주를 향하여 대대적인 이동을 하였다.

나는 이때 목사들의 반동성애 발언에 대한 신자들의 문제의식이 강화되었을 것이라 추정한다. 몇 사람과의 대화를 통해 추정해본바, 동성애 반대를 외치는 목사들의 논리가 막무가내로 퍼부어대는 비난과 다름없다는 사실이 탄로 났고, 그것이 웰빙적 도덕주의가 추구하는 '관용'과 충돌한다는 것을 인식했던 것 같다. 대형교회의 엘리트 신자들은 미국과 서양의 모더니즘을 계몽적 보수주의의 원전처럼 인식하는 경향이 있는데, 최근 동성애 문제에 대한 미국과 서구 사회들의 개방적 양상은 일부 계몽적 보수주의자들의 섹슈얼리티에 대한 성찰을 부추겼다. 그러나 한국의 기성세대 대부분은 섹슈얼리티에 보수적 인식을 가지고 있기 때문에 일부 계몽적 보수주의자들의 서구적 모던 의식은 그들을 인지부조화 상황으로 내몰았을 것이다. 섹슈얼리티에 대한 실제 인식은 보수적이지만 대외적 행동은 개방적인 것처럼 보이도록 과장되게 주장하는 모습을 보이게 되는 것이다. 더구나 동성애 반대 주장을 펴는 목사들의 비논리와 시대착오적 독선은 그들의 계몽적 자의식을 더욱 강화하는 계기가 되었을 것으로 보인다.

하여 목사들의 열정적인 반동성애 활동과는 달리 교회 안에서 대부분의 신자들은 놀랍게도 침묵으로 일

관한다. 사적 대화의 장에서는 거리낌 없이 관용의 태도를 보이는 이들도 현저히 늘었다. 나는 이러한 현상이 가속화되고 있는 것은 다음 두 가지 요소가 상호작용하기 때문이라고 본다. 서양의 개방적인 성적 트렌드를 모방하려는 것이 그 하나이고, 목사들의 반지성주의에 대한 불신이 다른 하나다.

'신상품'으로서의 성소수자 인권

웰빙보수주의가 문화적 영역에서 정치적 영역으로 확산되면서 계몽적 보수주의자들이 등장했고, 그러한 현상이 태어날 때부터 넉넉한 자산을 가지고 '좋은' 교육과 결혼과 취업의 기회를 누린 이들 사이에서 더 두드러진 것이라고 한다면, 그리고 대형교회가 바로 이런 이들의 삶의 교류가 발생하는 주된 사회적 장이라면, 교회가 주도하는 반동성애 운동은 점점 위축될 것이 분명하다. 실제로 최근 조사차 강남권 대형교회들을 직접 다니며 살펴본 바로도, 몇몇 예외가 있기는 하지만 대체로 요즈음 급성장하고 있는 대형교회들에선 전광훈과 기독자유당, 그리고 한기총 유의 반동성애 혐오주의적 담론에 공공연히 동조하는 분위기를 거의 엿볼수 없었다.

물론 아직 극우주의적 목사들과 장로들의 자원은 풍족하며, 이들에게 고용되어 타자를 공격하는 행위에 동원되고 그 과정에서 스스로를 예수의 사도처럼 생각하는 자들도 적지 않을 것이다. 또한 이를 이용하여 정치적 세력화를 도모하려는 이들도 계속 등장할 것이다. 그런 점에서 공격적 반동성애 운동이 성소수자들을 끈질기게 괴롭힐 것이라는 점 또한 충분히 예상할 수 있는 일이다. 하여 저들 공격적 극우주의자들에 대한 비판적 대응은 아무리 강조해도 지나치지 않다. 하지만 동시에 이러한 기조가 점점 위축되어가고 있고, 경제적, 사회문화적 자본을 가진 이들이 계몽적 보수주의자를 자임하는 경향도 뚜렷해지고 있다.

　그러나 이러한 흐름이 성소수자 인권 향상의 낙관적 전망과 이어진다고 단언할 수는 없다. 앞서 말한 것처럼 공격적 반동성애 운동의 위축과 경제적, 사회적 자본을 가진 이들이 계몽적 보수주의를 자임하는 경향은 동성애자만이 아니라 다양한 성소수자를 부각시키게 될 것이다. 이러한 흐름은 성소수자 인권 향상에 '관용'이라는 가치를 더 많이 적용시키는 방식으로, 일면 사회 변화에 기여하기도 할 것이다. 문제는 이런 변화가 동성애자를 포함한 성소수자들을 일종의 상품으로 소비하는 사회를 만들어갈 것이라는 점이다. 이미 광고나 영화, 드라마 등에서 성소수자는 꽤 잘 '팔리는' 소재가 되었고, 그 시장은 전 세계적으로 비약적인 성장세를 보이고 있다. 동성애는 기괴한 것이 아니라 멋진 것, 진보적인 것이라는 의미 코드가 작동하고 있는 것이다. 최근 시민 사회에서 성소수자, 특히 동성애자 인권에 대한 인식이 변화한 이면에는 소비자본주의가 성소수자를 상품화한 덕이 클지도 모른다. 그리고 이러한 상품화의 이면에는 경제적, 사회문화적 자본을 가진 계몽적 보수주의자들이 자리하고 있다. 아마 앞으로 성소수자를 전혀 낯설어하지 않고 오히려 친숙하게 표상하는 상품들의 미학적 측면은 점점 더 강화될 것으로 보인다.

요컨대 소비자본주의는 성소수자에 대한 사회적 거부감 혹은 거리감을 상쇄시킴으로써 성소수자 인권에 기여한 바가 적지 않다. 하지만 과연 그렇게 단정하는 것으로 충분한가? 소비자본주의는 성소수자 일반을 존중하는 것이 아니라, 그들이 상품 가치가 있느냐에 따라 선별적으로 존중하는 것임을 간과해서는 안 된다. 소비자본주의가 창출하는 성소수자에 대한 긍정적 이미지는, 실상 성소수자의 인권이 아닌 '상품 가치'를 상승시키는 방향으로 작동한다. 이것은 또한 모든 성소수자가 아닌 특정 성소수자의 상품 가치만을 상승하게 한다는 점을 유의해야 한다. 마치 소비자본주의가 여성을 상품화함으로써 여성의 권리를 상승하게 하기는 했지만, 그 이면에 상품 가치가 있는 여성과 그렇지 못한 여성을 나누고, 한쪽은 사랑과 선망의 대상으로, 다른 한쪽은 더욱 심한 상대적 박탈감에 빠지게 한 것처럼 말이다. 소비자본주의의 선별적 존중은 배제된 이들의 존재를 알아채기 어렵게 만들고, 이에 따라 사람들은 상품 가치가 없는 이들에게 더욱 무관심해지기 쉽다. 마찬가지로 소비자본주의의 영향으로 성소수자의 인권이 잘 존중되고 있다고 생각하게 되어도, 그것은 상품 가치를 인정받은 일부의 성소수자들에 대한 선별적 존중이다. 이러한 상황에서 사람들은 실제 성소수자들이 어떤 상황에 놓여 있는지 알지 못하게 된다. 즉, 시민 사회는 성소수자를 포용한다고 생각하지만, 부적절한 존재로 간주된 성소수자에게는 그러한 포용의 원리가 작동되지 않는 것이다.

그러므로 우리는 성다수자(이성애자) 대 성소수자라는 이분법이나 포용이냐 배제냐 하는 분리주의적 질문에 중심을 두는 것이 아니라, 우리 사회에 작동하고 있는 무수한 편견과 차별의 메커니즘 자체에 중심을 두어야 한다. 편견과 차별의 메커니즘을 비판적으로 살피며 문제를 제기하는 데 주목해야 한다. '기괴한' 존재로 간주되고 배척되어온 성소수자의 이질성이 사회의 편견과 차별의 메커니즘을 성찰하게 하고 더 나은 방향으로 변화시키는 동력이 된다는 문제의식이 필요하다. 이러한 문제의식과 대안적 상상력을 나타내는 개념이 바로 '퀴어queer'다. 이른바 '퀴어이론'은 혐오와 배제의 표현인 '퀴어'를 전복하여, '기괴한' 존재를 혐오하고 배제하는 담론이 통용되는 세계 바깥을 상상하게 한다. '퀴어를 위한' 시각은 세계의 부조리를 교정하는 데 만족할 수 있겠지만, '퀴어의' 시각은 그 세계 너머를 꿈꾸게 한다.

하여 우리는 동성애 혐오주의를 반대하는 데 그치지 않고, 퀴어한 사회를 고민해야 한다. 퀴어, 곧 '기괴한' 존재는 친숙한 것에 매몰된 문화가 필연적으로 내포하고 있는 낯선 존재에 대한 편견과 폭력을 돌아보게 하고, 증오와 전쟁의 위기에 빠져 있는 세계를 변화시킬 하나의 동력이다. 그리하여 퀴어한 존재는 혐오스런 존재가 아니라 우리 모두에 대한 신의 축복이다. 지금 우리에게 필요한 것은 퀴어한 사회에 대한 상상력과 실천이다.

1 이 글은 일본의 성공회 계열 출판사 칸요かんよう가 펴내는 계간지 《그리스도교문화キリスト教文化》 2017년 봄호에 발표한 글 〈'동성애' 문제에서 퀴어 문제로 '同性愛'問題からクイア問題へ〉를 수정·보완한 것이다.

2 김진호, 〈안전행정부─포스트민주화 시대 정부의 '공포 마케팅'〉, 《공동선》, 2013. 9~10.

3 보다 자세한 논의는 다음의 글을 참고할 것. 김진호, 〈한국 개신교 반공주의와 '증오의 정치학'〉, 《지금, 여기의 극우주의》, 김민하 외, 자음과모음, 2014, 99~105쪽. 이 글의 최초 버전은 박근혜 정권이 출범한 해인 2013년 10월 26일 비판사회학대회 특별세션에서 발표한 것이다. 그 글을 축약하고 재정리하여 《지금, 여기의 극우주의》에 수록했다.

4 2018년 하반기부터 기독자유당을 포함한 태극기 집회의 주요 인사들이 극우 성향의 많은 대중과 함께 자유한국당에 기획입당을 단행해, 2019년 자유한국당 전당대회에서 황교안이 당대표로 선출되는 과정에 일익을 담당했다는 소문이 파다했다.

5 이에 대한 보다 자세한 논의는 《대형교회와 웰빙보수주의》의 〈전광훈 현상을 읽다-극우의 좌절과 촛불정치의 효과〉에서 다루었다.

6 이은혜, 〈'동성애 반대' 발언한 문재인 후보가 두려운 것〉, 《뉴스앤조이》, 2017. 4. 26.

7 '1987년 체제'라는 용어는 사회학자 박형준이 처음 명명하였고, 《당대비평》 24호(2003)가 특집 주제로 다루면서 널리 확산된 것으로, 민주주의 동맹이 주도한 시기 한국 사회의 성격에 관한 가설적 개념어다.

8 1993년 김영삼 대통령이 집권하자마자 정치화된 군부의 핵심 세력이었던 하나회를 해체하고 군 개혁을 시도함으로써 군부는 결정적으로 탈정치화된 바 있다.

9 김진호, 〈메시아주의, 한국 정치의 어떤 열망〉, 《당신들의 대통령》, 전규찬 외, 문주, 2012.

10 지배적인 보수우익정당을 지지했던 전통적인 선거연합이 붕괴되면서 새누리당을 지지했던 이들 중 다수가 이탈하여 다른 정당을 지지하거나 아예 선거에 참여하지 않는 일이 일어났다.

일부는 더불어민주당으로 옮겨가기도 했다.

11 최종덕, 〈'기획 속임과 자발적 속음' 진화발생학적 해부—황우석
교수 사태의 매스컴 결합, 사회적 자기기만의 완성형 공조〉,
민주사회정책연구원 심포지엄 '황우석 사태로 보는 한국의 과학과
민주주의' 자료집, 2006.

12 나는 여기서 도쿄대학교 고모리 요이치小森陽一 교수의 '식민지적
무의식'을 염두에 두고 있다. 고모리 요이치,《포스트콜로니얼》,
송태욱 옮김, 삼인, 2002.

13 사회학자 카를 만하임Karl Mannheim(1893~1947)은 청소년기와
청년기에 경험한 집단적인 역사적 체험이 개인의 일생에 걸쳐 세대
효과로 작용한다는 개념을 정립하며 '코호트cohort'라는 용어를
사용했다.

14 '서북주의'에 대한 보다 자세한 논의는 다음의 두 글을 참조할 것.
김진호, 〈한국 사회와 개신교 극우주의: 서론〉,《에큐메니안》, 2016.
5. 20. 〈한국 대형교회는 왜 보수주의인가〉,《주간경향》, 2016. 7.
12.

15 Jinho Kim, 〈The Political Empowerment of Korean Protestantism
since around 1990〉, *Korea Journal*, vol.52, no. 3, 2012.

성서와 동성애

초판 1쇄 펴낸날	2020년 10월 12일
지은이	김진호
펴낸이	박재영
편집	이정신·임세현·한의영
마케팅	김민수
디자인	조하늘
제작	제이오
펴낸곳	도서출판 오월의봄
주소	경기도 파주시 회동길 363-15 201호
등록	제406-2010-000111호
전화	070-7704-2131
팩스	0505-300-0518
이메일	maybook05@naver.com
트위터	@oohbom
블로그	blog.naver.com/maybook05
페이스북	facebook.com/maybook05
인스타그램	instagram.com/maybooks_05
ISBN	979-11-90422-48-2 03300

이 도서의 국립중앙도서관 출판시도서목록(CIP)은 e-CIP홈페이지(http://nl.go.kr/ecip)와
국가자료공동목록시스템(http://www.nl.go.kr/kolisnet)에서 이용하실 수 있습니다.
(CIP 제어번호 : CIP2020039934)

책값은 뒤표지에 있습니다. 잘못된 책은 바꾸어 드립니다.

만든 사람들

책임편집	한의영
디자인	조하늘